前　言

《德国的革命和反革命》是恩格斯总结德国1848—1849年革命经验的重要著作。恩格斯指出应该根据社会总的经济状况和生活条件研究革命发生和成败的原因，他论述了无产阶级领导权和工农联盟的问题，他强调革命是"社会进步和政治进步的强大推动力"，阐明了无产阶级革命斗争的策略原则。

《德国的革命和反革命》原文是恩格斯1851年8月—1852年9月写的19篇文章。1851年7月底，《纽约每日论坛报》编辑查·德纳约请马克思为该报撰稿，由于马克思忙于经济学研究，因此请恩格斯帮忙撰写了这些文章。这些文章发表在《纽约每日论坛报》的"德国"专栏，署名为"卡·马克思"，直到1913年马克思和恩格斯的来往书信发表后，人们才知道作者是恩格斯。这组文章在马克思、恩格斯生前没有出版过单行本，只有开头的几篇曾被译成德文在美国的德文报纸《纽约晚报》以及柏林出版的《德意志总汇报》上转载过。1896年，马克思的小女儿爱琳娜用原文字（英文）对这组文章进行编辑，于同年4月在英国出版单行本，书名为《革命和反革命或1848年的德国》。1900年，马克思的二女儿劳拉将此书译成法文出版。

《德国的革命和反革命》首个中文全译本1930年5月由上海新生命书局出版，译者是刘镜园，书名译为《革命与反革命》。译者指出，该译本是根据卡·考茨基1896年翻译出版的德文本和当时在苏联出版的俄文单行本翻译的。这个译本在新生命书局先后三次再版。第二个中文全

《德国的革命和反革命》中外文稀有版本文献

译本由王右铭、柯柏年翻译，1939年3月上海生活书店出版，这是中国共产党直接组织翻译及出版的第一个中文全译本。1939年4月，这个译本作为"马恩丛书"第八种在延安解放社重印，译文、版式等均未变动，但译者改为王石巍、柯柏年。该译本先后在解放社、新华书店等机构多次重印。

中华人民共和国成立后，由中央编译局翻译的《德国的革命和反革命》新译本最早于1961年出版，收入《马克思恩格斯全集》第八卷。此后，市面流通的版本基本为中央编译局译本。为向国内学者提供权威的版本资料，进一步推动《德国的革命和反革命》的研究，中央编译出版社此次整理出版了《德国的革命和反革命》在全世界传播较为广泛的英文版、德文版，以及1949年前中国出版的全译本。如有不当之处，敬请批评指正。

张远航
2024年3月

BÜCHEREI DES MARXISMUS-LENINISMUS

MARX/ENGELS

REVOLUTION UND KONTERREVOLUTION IN DEUTSCHLAND

BÜCHEREI DES MARXISMUS-LENINISMUS

Band 5

K. MARX · F. ENGELS

REVOLUTION UND KONTERREVOLUTION IN DEUTSCHLAND

DIETZ VERLAG BERLIN

COPYRIGHT 1949 BY DIETZ VERLAG GMBH, BERLIN · PRINTED IN GERMANY · ALLE RECHTE VORBEHALTEN · GESTALTUNG UND TYPOGRAPHIE: DIETZ-ENTWURF VERÖFFENTLICHT UNTER LIZENZ-NR. 341 DER SOWJETISCHEN MILITÄR-ADMINISTRATION IN DEUTSCHLAND · DRUCK: (D 01) SACHSENVERLAG, DRUCKEREI UND VERLAGSGESELLSCHAFT MBH. DRESDEN N 23, RIESAER STRASSE 32 · 10299

德文版

Einleitung

In einer der unheimlich hellsichtigen Jugendschriften von Karl Marx, deren Bedeutung für die Entwicklung des wissenschaftlichen Sozialismus und besonders des sozialistischen Humanismus erst in unseren Tagen richtig verstanden wurde, steht der grell aufleuchtende Satz: „Der Kampf gegen die deutsche politische Gegenwart ist der Kampf gegen die Vergangenheit der modernen Völker." („Marx-Engels-Gesamtausgabe" I, 1, S. 610.) Das wurde noch formuliert in jenem ersten Stadium von Marxens geistiger Entwicklung: in jener Auseinandersetzung, die mit der Kritik an Hegels Rechtsphilosophie und Staatslehre begann, um über die Kritik der Waffen in den Jahren 1848/49 zur Kritik der politischen Ökonomie und zur Anatomie des Kapitalismus überzuleiten. In allen Stadien aber, auch in jenen späten Epochen eines wahrhaft überstaatlichen und übernationalen Denkens, ging es Marx um die „deutsche Misere". So mag dieser Satz als Ansatzpunkt auch für unsere Betrachtung gelten, die dem Wirken von Karl Marx und Friedrich Engels inmitten der deutschen Revolution und Konterrevolution von 1848/49 gewidmet werden soll.

Was andere Völker in entscheidenden und entschiedenen, also erfolgreichen Freiheitsbewegungen erreicht hatten, blieb in Deutschland noch zu tun. England hatte seine große bürgerliche Revolution 1688 weitgehend vollendet; Frankreich hatte die Bewegungen von 1789, 1793 und die Julirevolution von 1830 gekannt: lauter Siege des „dritten Standes" und (nach der Verwandlung des bürgerlichen Patriziates von 1789 in die Bourgeoiswelt von 1830) auch Siege einer selbst- und klassenbewußten Bourgeoisie. Das war englische und französische Vergangenheit. Neue Aufgaben, neue gesellschaftliche Gegensätze standen von nun an auf der Tagesordnung. Dieser englischen und französischen Vergangenheit aber entsprach nach wie vor die deutsche Misere. In Deutschland war die bürgerliche Emanzipation noch zu leisten. Sie wirkte genau so als verschleppte Krankheit wie die gescheiterte Bauernbewegung des 16. Jahrhunderts.

Darüber vermochte auch der Radikalismus des Gedankens im utopischen Bewußtsein eines Moses Heß oder in Ludwig Feuerbachs neuer Religion der Menschenliebe nicht hinwegzutäuschen.

Man kann diese Erkenntnis noch mit einem weiteren historischen Hinweis versehen. Im Mai 1834 hatte Georg Büchner in Hessen versucht, mit seinem „Hessischen Landboten" die Bauern des Großherzogtums in eine revoltierende Schicht zu verwandeln. Er war gescheitert. Die Mehrzahl der angerufenen Bauern hatte das Flugblatt mit dem Motto: „Friede den Hütten! Krieg den Palästen!" einer hohen Obrigkeit pflichtschuldigst abgeliefert. Es war unmöglich gewesen, Büchners Erfahrungen mit französischen Arbeitern und revolutionären Handwerkern auf die deutschen Bauern zu übertragen. Georg Büchner fand noch in Deutschland kein Gegenstück zu jenen selbstbewußten, von großer revolutionärer Überlieferung zehrenden französischen Arbeitern, Handwerkern und Studenten.

Vierzehn Jahre nach dem Scheitern des Dichters und Revolutionärs aus Hessen ist die Lage auch in Deutschland gesellschaftlich weiter vorgeschritten. Die deutschen Handwerker haben, vor allem in der Emigration, eine rasche Bewußtseinsentwicklung durchgemacht. Auch das Eindringen kapitalistischer Wirtschaftsformen macht rasche Fortschritte. An Heines Gedicht von den schlesischen Webern vermag man noch heute abzulesen, wie der Weberaufstand von Peterswaldau als deutsche Gegenwart versuchte, der Gegenwart anderer europäischer Nationen nachzustreben. Nicht zufällig wird Georg Büchners Freund August Becker später zum Mitarbeiter von Marx und Engels: hier wird ein Bogen geschlagen vom „Hessischen Landboten" zum „Kommunistischen Manifest". Als aber schließlich auch in Deutschland die Revolution losbricht, als der Aufstand, von Paris übergreifend, im März 1848 Wien und Berlin erfaßt, ist er in den politischen Folgerungen nur ein „Nachexerzieren". Es wird denn auch in dieser ganzen Revolution und Gegenrevolution keine Parallele geben zum Juniaufstand der Pariser Arbeiter. Der Aufstand der Pariser Arbeiter vom Juni 1848 ist gerade darum so bemerkenswert, weil er zum erstenmal die selbständige Bewegung einer neuen Klasse bedeutet, gegen die sich unter dem Protektorat des Generals Cavaignac nun auch die bürgerlichen Liberalen zusammen mit der ehemals gemeinsam bekämpften Reaktion wenden. In Deutschland gibt es dazu kein Gegenstück. Schließlich war es auch kein Zufall, sondern eine Konsequenz der gesamten deutschen Gesellschaftszustände, wenn eigentlich nur ein einziger Abgeordneter der Frankfurter Paulskirche als unmittelbarer Sprecher des „Kommunistenbundes" und der äußersten Linken bezeichnet werden konnte: Wilhelm Wolff, der stellvertretende Abgeordnete für Breslau und Freund von Marx und Engels. Er stand in Frankfurt im Grunde allein gegen die Mehrheit von Halbfeudalen, bürgerlichen Liberalen und kleinbürgerlichen Demokraten; so wie auch die „Neue Rheinische Zeitung" in Köln mit ihrem Chefredakteur Karl Marx in dieser ganzen deutschen Bewegung und Gegenbewegung der Jahre 1848/49 vergleichslos dastand. Obgleich in den offenen Schlachten der Revolution die Arbeiterschaft die kämpfenden Bataillone stellte, waren Bürgertum und Kleinbürgertum die Träger dieser deutschen Erhebung. Die Folgen kann man in der vorliegenden Schrift nachlesen.

*

Die unter dem Titel „*Revolution und Konterrevolution in Deutschland*" bekanntgewordene Artikelreihe von Marx und Engels (oder besser von Friedrich Engels und Karl Marx, wenn man nach dem Anteil beider Verfasser formuliert) erschien in englischer Sprache in der Zeit zwischen Oktober 1851 und Dezember 1852 in der „*New York Daily Tribune*". Die „Tribune" war 1841 durch den amerikanischen Sozialisten Horace Greeley, einen Anhänger der Ideen Fouriers, gegründet worden. Später gesellten sich amerikanische Schriftsteller und Vertreter eines bäuerlichen „Kommunismus" zum Mitarbeiterstab der Zeitung, deren eigentlicher Leiter *Charles A. Dana* wurde. Er holte sich 1851 Freiligrath als Mitarbeiter, und durch ihn vermutlich auch Marx und Engels. So wurde es Marx und Engels möglich, da die „Neue Rheinische Zeitung" verboten, die spätere Gründung der „Neuen Rheinischen Revue" gescheitert war, nun in der New Yorker Zeitung den geschichtlichen Rückblick auf die deutschen Ereignisse von 1848/49 zu geben. Auch später sind wesentliche Arbeiten von Marx und Engels in der „New York Daily Tribune" erschienen, die damals damit zu den fortschrittlichsten Zeitungen der Welt gehörte. Als allerdings *Karl Kautsky* 1896 den englischen Text von „Revolution und Konterrevolution in Deutschland" ins Deutsche übersetzte und mit einer Einleitung versah, mußte er bereits feststellen: „Heute ist die ‚Tribune' ein ganz gewöhnliches kapitalistisches Zeitungsgeschäft. In ihren Anfängen dagegen trug sie einen weit höheren Charakter, der sie der Mitarbeiterschaft eines Marx wohl wert machte." (Kautsky a. a. O., Verlag J. H. W. Dietz, Stuttgart 1896, Seite XII.)

Die erste Buchausgabe in englischer Sprache gab im Jahre 1896 Marxens Tochter, *Eleanor Marx-Aveling* heraus. Von ihr wurden auch die Überschriften der einzelnen Kapitel formuliert. Der Gesamttitel hieß: „Revolution und Konterrevolution in Deutschland." Kautsky übersetzte im gleichen Jahr das Werk ins Deutsche. Eine neue deutsche Übersetzung veröffentlichte 1940 der Verlag für fremdsprachige Literatur in Moskau. Diese neue Übersetzung wurde auch der vorliegenden Ausgabe zugrunde gelegt.

•

Es wird jedoch notwendig sein, noch einmal in allgemeinerer Form die Gründe für unsere Neuausgabe darzulegen. Gerade Marx und Engels besaßen ein sehr echtes, unmittelbares und lebendiges Verhältnis zum geschichtlichen Stoff; sie waren weit entfernt von aller Beschäftigung mit der Vergangenheit aus bloß archivarischem Interesse. In großartiger Weise hat Marx diesen Gedanken im „Achtzehnten Brumaire des Louis Bonaparte" ausgedrückt: „Die früheren Revolutionen bedurften der weltgeschichtlichen Rückerinnerungen, um sich über ihren eigenen Inhalt zu betäuben. Die Revolution des neunzehnten Jahrhunderts muß die Toten ihre Toten begraben lassen, um bei ihrem eignen Inhalt anzukommen. Dort ging die Phrase über den Inhalt, hier geht der Inhalt über die Phrase hinaus." („Achtzehnter Brumaire", I. Kapitel.) Auch im Jubiläumsjahr 1948 dürfen also die historischen Werke über das „tolle Jahr" nicht dazu verleiten, uns durch die Rückerinnerung „über unseren eigenen Inhalt zu betäuben". Allein gerade die vorliegende Schrift von Engels und Marx ist besonders geeignet, statt einer bloß historisch genießenden Betrachtung die wirkliche Beziehung zwischen der gescheiterten deutschen Revolution von 1848 und unserer eigenen deutschen Gegenwart herzustellen. Das wird besonders klar, *wenn wir unser Werk mit dem „Achtzehnten Brumaire" in Parallele setzen.* Marx schrieb seinen meisterhaften Bericht über die Revolution und Konterrevolution in

Frankreich, über die Ursachen des Zusammenbruchs der *französischen* Revolution von 1848 und den Staatsstreich des napoleonischen Neffen und Imitators zwischen Mitte Dezember 1851 und Ende März 1852. Auch dieses Dokument marxistischer Geschichtsschreibung erschien zuerst in New York, nämlich in der von *Joseph Weydemeyer* herausgegebenen Monatsschrift „Die Revolution". Die Arbeit entstand also fast gleichzeitig mit den 20 Aufsätzen über die *deutsche* Revolution und Konterrevolution, denn der erste Aufsatz unseres Bandes ist datiert vom September 1851, der letzte, als Anhang zu betrachtende, vom Dezember 1852. Die Arbeitsteilung zwischen den beiden Freunden brachte es mit sich, daß diesmal *Engels* vor allem die *deutsche*, *Marx* die *französische* Tragödie und Tragikomödie darzustellen hatte. Man tut also gut daran, beide Werke nebeneinanderzustellen: in ihrer Gesamtheit ergeben sie dann nichts weniger als eine *Theorie der bürgerlichen Revolution*, ihrer Möglichkeiten und Abschlüsse — und ihres Verhältnisses zu den kleinbürgerlichen Mittelschichten und den revolutionären Bestrebungen der Arbeiterklasse.

Mit Notwendigkeit wurde also für Engels der Rückblick auf die deutsche Bewegung von 1848/49 zur Struktur-Analyse der deutschen Gesellschaft und ihrer verschiedenen sozialen Träger. Den allgemeinen Grundgedanken, die historische Erklärung für das Versagen fand er in Charakter und Rolle des deutschen Spießbürgertums. Er hat es später in einem Brief wie folgt ausgedrückt: „In Deutschland ist das Spießbürgertum Frucht einer gescheiterten Revolution, einer unterbrochenen, zurückgedrängten Entwicklung, und hat seinen eigentümlichen, abnorm ausgebildeten Charakter der Feigheit, Borniertheit, Hilflosigkeit und Unfähigkeit zu jeder Initiative erhalten durch den Dreißigjährigen Krieg und die ihm folgende Zeit — wo gerade fast alle anderen großen Völker sich rasch emporschwangen. Dieser Charakter ist ihm geblieben, auch als die historische Bewegung Deutschland wieder ergriff..." (Brief an P. Ernst vom 5. 6. 1890.)

Schon in ihren Kommentaren zu den Ereignissen selber hatten Marx und Engels in der „Neuen Rheinischen Zeitung" immer wieder die Phrasenhaftigkeit der kleinbürgerlichen demokratischen Partei und die Neigung zum Verrat beim liberalen Großbürgertum angemerkt. Nicht ohne ingrimmige Sympathie bezeugt Marx seine Hochachtung, als Radowitz, der Führer der Rechten in der Paulskirche, eine eisigkalte, betont rückschrittliche Rede hält. Marx kann nicht umhin, zu erklären: „Bei dem Mangel an Energie, an Entschiedenheit, an Talent und an Kenntnissen, der uns mit sehr wenigen Ausnahmen bei den Führern aller Parteien gegenübertritt, muß es uns freuen, in Herrn Radowitz wenigstens einen ebenbürtigen *Gegner* zu finden." („Neue Rheinische Zeitung" vom 31. 8. 1848.) [1] Man spürt hinter dieser widerwilligen Anerkennung die verzweifelte Wut über Phrasenhaftigkeit und Opportunismus sowohl der liberalen Großbürger wie der demokratischen Kleinbürger. So erklären sich auch die Aussprüche wütenden Hohns über den Bankrott der Frankfurter Versammlung in unserem XII. Kapitel, über „diese verächtliche Versammlung... der pseudodiplomatischen Prostitution". So versteht man die ungeheuer erhellenden Hinweise über die ökonomische Rolle des Wiener Großbürgertums während des Oktoberaufstandes, oder die glänzende Darstellung des deutschen Kleinbürgertums („groß im Prahlen, ist ganz unfähig zur Tat...") im XVIII. Aufsatz unserer Sammlung. Hier sind allenthalben die theoretischen Erkenntnisse über die gesellschaftlichen Beweggründe der deutschen bürgerlichen Schichten und die Ursachen ihres Versagens oder Verrats mit Händen zu greifen.

Das *eigentliche politische Programm* des „Kommunistenbundes" und der „*Neuen Rheinischen Zeitung*" haben Marx und Engels in jedem ihrer Leitartikel ganz klar ausgesprochen. Es bestand einfach in der folgerichtigen Vollendung jener Revolution, die in Wien und Berlin 1848 auf den Barrikaden begonnen worden war und die mit Notwendigkeit entweder völlig scheitern oder zur Beseitigung aller feudalen Kräfte und zur demokratischen Einigung Deutschlands führen mußte. An anderer Stelle hat es Marx einmal als „Interesse des Proletariats" in dieser deutschen Revolution wie folgt zusammengefaßt: „Das Interesse des Proletariats verbot ebensosehr die Verpreußung Deutschlands wie die Verewigung der Kleinstaaterei. Es gebot die endliche Vereinigung Deutschlands zu einer *Nation*, die allein den von allen überkommenen kleinlichen Hindernissen gereinigten Kampfplatz herstellen konnte, auf dem Proletariat und Bourgeoisie ihre Kräfte messen sollten. Aber es verbot ebenso-

---

[1] Vgl. Marx/Engels, „Die Revolution von 1848" (Auswahl aus der „Neuen Rheinischen Zeitung"), Dietz Verlag, Berlin 1948.

sehr die Herstellung einer preußischen Spitze; der preußische Staat mit seiner ganzen Einrichtung, seiner Tradition und seiner Dynastie war gerade der einzige ernsthafte innere Gegner, den die Revolution in Deutschland niederzuwerfen hatte ... Auflösung des preußischen, Zerfall des österreichischen Staates, wirkliche Einigung Deutschlands als Republik — ein anderes revolutionäres, nächstes Programm konnten wir nicht haben." (Karl Marx, „Ausgewählte Schriften", Moskau-Leningrad 1934, Band II, Seite 32.)

Das war das *innerpolitische* Ziel. Ihm entsprach in der *Außenpolitik* mit Notwendigkeit die Ablehnung aller abstrakten Reden der Paulskirche über allgemeine „Völkerverbrüderung". Auch hier standen die Begründer des historischen Materialismus im Gegensatz zu den kleinbürgerlichen Advokaten der Frankfurter Versammlung, wenn sie „diese Theorie der allgemeinen Völkerverbrüderung, die ohne Rücksicht auf die historische Stellung, auf die gesellschaftliche Entwicklungsstufe der einzelnen Völker weiter nichts will, als verbrüdern ins Blaue hinein", sehr eindeutig ablehnten. („Neue Rheinische Zeitung" vom 14. 1. 1848.)

Auf die genaue gesellschaftliche Überprüfung der deutschen Verhältnisse und ihre Beziehung zur Struktur der sozial weiter entwickelten Nachbarländer kam es also immer wieder an. Dieses Leitmotiv ist hinter allen Aufsätzen auch unseres Bandes spürbar. Und trotzdem blieb auch diese Erkenntnis aus den Jahren 1851/52 nicht das letzte Wort, das die Begründer des wissenschaftlichen Sozialismus zu sprechen hatten. Die Abrundung ihrer Schlußfolgerungen über die deutsche Revolution und Gegenrevolution von 1848/49 gab schließlich *Friedrich Engels* in dem 1895 verfaßten *Vorwort zu Marxens Aufsätzen über die „Klassenkämpfe in Frankreich 1848 bis 1850"*.

So richtig aber im einzelnen die gesellschaftliche Analyse und die politische Zielsetzung inmitten der deutschen Revolution waren, die Marx und Engels als Teilnehmer dieser Revolution besaßen, so sehr bedurften sie der späteren Ergänzung durch einen Rückblick auf die Gesamtheit vor allem der wirtschaftlichen Veränderungen der Epoche. Mit Recht bemerkte daher Engels in jener Vorrede: „Während der Revolutionszeit 1848/49 die sich gleichzeitig vollziehenden ökonomischen Wandlungen zu verfolgen oder gar den Überblick über sie zu behalten, war rein unmöglich. Ebenso während der ersten Monate des Exils in London, Herbst und Winter 1849/50." Es ist klar, daß diese Feststellung auch für unsere Sammlung von Aufsätzen aus der Zeit von 1851/52 gilt. Nicht zufällig entschloß sich daher Marx seit 1850, eine vertiefte Beurteilung der Entwicklung aus einem umfassenden Studium der ökonomischen Verhältnisse und der politischen Ökonomie zu gewinnen. Das Ergebnis für den politischen Rückblick formulierte Engels dann 1895 wie folgt: „Dadurch wurde ihm (Marx) aus den Tatsachen selbst vollständig klar, was er bisher aus lückenhaftem Material halb aprioristisch gefolgert hatte: daß die Welthandelskrise von 1847 die eigentliche Mutter der Februar- und Märzrevolutionen gewesen und daß die seit Mitte 1848 allmählich wieder eingetretene, 1849 und 1850 zur vollen Blüte gekommene industrielle Prosperität die belebende Kraft der neuerstarkten europäischen Reaktion war. Das war entscheidend."

•

Es gibt in unserer Schrift noch eine andere Frage, die später von Marx und Engels auf Grund des zeitlichen Abstands und der größeren Erfahrungen anders beurteilt wurde, als mitten während oder kurz nach der eigentlichen Aktion. Das ist die *Rolle des Slawentums* innerhalb der deutschen Revolution von 1848/49, vor allem die Beurteilung der Tschechen und Südslawen.

Es ist wohl nicht notwendig, an dieser Stelle zu betonen, daß Marx und Engels Zeit ihres Lebens völlig frei waren von irgendwelcher „irrationaler" und gefühlsbetonter Verurteilung ganzer Nationalitäten. Wie groß ihr Anteil an der Entwicklung der slawischen Welt war, kann man daran ermessen, daß Engels noch im späten Alter Tschechisch lernte; daß Marx wie Engels sich der slawischen Übersetzungen ihrer Werke mit besonderer Neigung annahmen. Die Entwicklung der russischen Wirtschaft und Gesellschaft hat Marx in seinem Briefwechsel mit dem russischen Übersetzer des „Kapital" in außerordentlich eindringlicher Weise behandelt. Welche Bedeutung er der Resonanz seines Hauptwerks gerade in Rußland beimaß, spürt man am Nachwort von 1873 zur zweiten Auflage des „Kapital". Hier findet sich auch Marxens Zustimmung zu der „meisterhaften Beleuchtung", die „der große russische Gelehrte und Kritiker

N. Tschernyschewski" der bürgerlichen Ökonomie von Mill habe angedeihen lassen. Stand Marx also mit besonderer Innigkeit an der Seite der forschrittlichen russischen Intelligenz, so war für ihn wie für Engels andererseits der Zarismus als Vorhut der gesamten europäischen Konterrevolution ein steter Anlaß unauslöschlichen Hasses. Die Aufsätze unseres Bandes zeigen ganz deutlich, daß der Kreis des Kommunistenbundes eine wirkliche Abwendung aller Gefahren für die europäische wie deutsche Revolution von 1848/49 nur in einem Kriege gegen den wichtigsten Stützpunkt der Gegenrevolution, eben die Herrschaft Nikolaus I., zu erblicken vermochte. Im VIII. Aufsatz heißt es hierzu ganz ausdrücklich: „Die radikale Partei in Deutschland, die einen Krieg mit Rußland im Interesse der Bewegung auf dem Kontinent für notwendig hielt und glaubte, daß die nationale Wiederherstellung auch nur eines Teils von Polen unbedingt zu einem solchen Krieg führen würde, unterstützte daher die Polen; die an der Macht befindliche Bourgeoispartei dagegen sah klar voraus, daß ein nationaler Krieg gegen Rußland zu ihrem Sturze führen mußte, da er Männer von größerer Tatkraft und Entschiedenheit ans Ruder bringen würde, und erklärte deshalb mit erheucheltem Enthusiasmus die Erweiterung des Bereichs der deutschen Nation, Preußisch-Polen, den Hauptsitz der polnischen revolutionären Bewegung, für einen integrierenden Bestandteil des Deutschen Reiches der Zukunft. Die den Polen in der Erregung der ersten Tage gegebenen Versprechungen wurden schmählich gebrochen."

Mit schneidendem Hohn hatte bereits am 20. August 1848 die „Neue Rheinische Zeitung" in Köln den schmählichen Verlauf der Polendebatte in der Frankfurter Nationalversammlung nachgezeichnet. Hier waren alle nationalistischen Argumente für die angeblich so demokratischen deutschen Kleinbürger gut genug gewesen, die ehemals polnischen Gebiete Preußens nun „ihrem" Deutschland einzuverleiben und dadurch die drei Teilungen Polens aus dem 18. Jahrhundert tatsächlich zu verewigen. Die „Neue Rheinische Zeitung" hatte dagegen erklärt: „Solange wir also Polen unterdrücken helfen, solange wir einen Teil von Polen an Deutschland schmieden, solange bleiben wir an Rußland und die russische Politik geschmiedet... Die Herstellung eines demokratischen Polens ist die erste Bedingung der Herstellung eines demokratischen Deutschlands." Diese Lösung aber wollte die Paulskirche eben nicht akzeptieren, denn das bedeutete den Krieg mit Rußland. Marx und Engels hielten ihn für eine Notwendigkeit, um auch nur die zaghaften Errungenschaften der Märztage von 1848 zu retten. In der Paulskirche war man anderer Meinung. „Aber wir waren Spießbürger und wir blieben Spießbürger. Wir machten ein paar Dutzend kleine und große Revolutionen, vor denen wir uns selbst fürchteten, noch ehe sie vollendet waren." („Neue Rheinische Zeitung" vom 20. 8. 1848.) Und weil die Männer der Paulskirche die Verknüpfung ihres eigenen Schicksals mit dem der polnischen Revolution nicht begriffen, ging alles verloren. Da man den offenen Bruch mit dem Zarismus fürchtete, gab man Nikolaus I. die Möglichkeit, seine Funktion als Totengräber der europäischen Erhebung zu vollenden.

Dabei allerdings gelang es dem Zarismus, unter dem Banner des von ihm bezahlten und dirigierten „Panslawismus" die politischen Sprecher der Südslawen und Tschechen für seine Ziele der europäischen Gegenrevolution zu gebrauchen. Hier ist der Ansatzpunkt für die auf den ersten Anblick seltsame Tatsache, daß Marx und Engels mit solcher Leidenschaft für den Freiheitsgedanken der *Polen* Partei ergreifen, aber die Möglichkeit einer tschechischen oder südslawischen Revolution und staatlichen Selbständigkeit äußerst schroff ableugnen. Mit Bitterkeit hatte die „Neue Rheinische Zeitung" am 15. Februar 1849 erklärt: „Hätten die Slawen zu irgendeiner Epoche innerhalb ihrer Unterdrückung eine neue revolutionäre Geschichte begonnen, so bewiesen sie schon dadurch ihre Lebensfähigkeit... Aber das war gerade nie der Fall." Und dann folgten die verächtlichen Analysen über die „haltlose und unklare Phantasterei" des sogenannten Slawenkongresses von Prag im Mai 1848. Hier hatten in der Tat die aristokratischen Panslawisten Graf Thun oder Palacky solange allgemeine Redensarten vorgetragen, bis die Armee von Windischgrätz, die weitgehend selber aus Tschechen und Kroaten zusammengesetzt war, auch diesen Kongreß auseinandertrieb. Marx konnte also konstatieren: „Die österreichische Armee, die Prag, Wien, Lemberg, Krakau, Mailand und Budapest einnahm, das ist der wirkliche, der aktive Slawenkongreß!"

Es genügt in der Tat, an die Rolle des Statthalters Jellachich von Kroatien bei der Niederwerfung der österreichischen Revolution zu erinnern, um das bittere Urteil eines Marx und Engels über die

„revolutionäre Rolle" der Südslawen und auch der Tschechen aus den Zeitverhältnissen heraus zu verstehen.

Das war der Ablauf der Ereignisse von 1848/49: klare revolutionäre Perspektiven für Polen, Fehlen aller wirklich revolutionären selbständigen Bestrebungen auf tschechischer oder südslawischer Seite. Unter dem Eindruck des Tages war daher das negative Urteil über die selbständigen Bestrebungen dieser österreichischen Slawen verständlich. Der Fehler bei Marx und bei Engels bestand darin, daß sie hier zum Unterschied von ihren sonstigen Analysen zu stark am Bild der Gegenwart haften blieben, ohne (allerdings in der Leidenschaft des Kampfes!) die wirklichen Tendenzen und Möglichkeiten künftiger revolutionärer Entwicklung auch bei diesen Völkern von Grund auf zu untersuchen. Der spätere Abstand hat denn auch die Begründer des wissenschaftlichen Sozialismus zu anderen Beurteilungen bringen müssen. Die Grundsätze, die Engels in seiner erwähnten Vorrede zu den „Klassenkämpfen in Frankreich" entwickeln sollte, erklären im Prinzip bereits, warum die Perspektive der „österreichischen Slawen" sich im Verlauf der Entwicklung grundlegend ändern sollte. Das hatte bereits *Karl Kautsky* in seinem Vorwort zur ersten deutschen Ausgabe unserer vorliegenden Schrift sehr richtig erkannt. Fast 40 Jahre nach den Ereignissen von 1848 vermochte er die völlige Wandlung in der nationalen und gesellschaftlichen Struktur etwa Böhmens darzulegen: „1851, als Marx die vorliegende Arbeit schrieb, gehörten Böhmen, Mähren und Schlesien noch zum deutschen Bunde, nicht aber die anderen von Slawen bewohnten Provinzen Österreichs — von den damals noch wenig bedeutenden Slowenen einiger südlichen Provinzen abgesehen. Es standen 3, höchstens 4 Millionen Tschechen ungefähr 40 Millionen Deutschen gegenüber, ein Mißverhältnis, das allein genügte, die Zukunft des Tschechentums als eine hoffnungslose erscheinen zu lassen. Aber 1866 wurde Österreich aus dem deutschen Bunde gedrängt. Dies bewirkte auf der einen Seite die Vereinigung der Tschechen mit dem größten Teil der anderen Slawen Österreichs, auf der anderen die Loslösung der Deutschösterreicher von Deutschland. Nun standen in Cisleithanien etwa 11 Millionen Slawen 7 Millionen Deutschen gegenüber. Das Blättchen hatte sich gewendet." (Kautsky a. a. O., Seite XXII/XXIII.) Kautsky vermochte dann abschließend festzustellen: „Marx konnte in vorliegender Schrift Prag noch eine halbdeutsche Stadt nennen. Heute ist sie fast ganz tschechisch, ebenso Pilsen. Und Brünn ist kaum noch deutsch zu nennen ... Die tschechische Nation besitzt also heute alle Ingredienzien eines modernen Kulturvolkes." (Kautsky, Seite XXVIII/XXIX.)

Wie sich die Entwicklung auch hier weiter vollziehen sollte, ist bekannt. Auch Kautsky war noch durch den Anblick der bloßen Aktualität zu sehr befangen, wohl auch durch seine insgeheim wirkenden Tendenzen zur „Ausgleichung der Gegensätze" geblendet, daß er an diese (völlig richtige) Analyse die Vermutung knüpfte, der „nationale Kampf in Böhmen" habe „viel von seiner Bedeutung eingebüßt". Die Wirklichkeit hat auch diese Vermutung Kautskys ebenso dementiert, wie Marxens und Engels' ingrimmige Absage im Jahre 1849 an die revolutionären Möglichkeiten der Tschechen und Südslawen. Die Aufgabe unserer neuen Ausgabe der vorliegenden Aufsätze konnte also nicht darin bestehen, solche offensichtlich durch die geschichtliche Entwicklung überholten Urteile wegzulassen: es kam im Gegenteil darauf an, den genauen Text jener großen und leidenschaftserfüllten Analysen von neuem vorzulegen, gleichzeitig aber auch die Ursachen für jene geschichtlich widerlegten Urteile anzudeuten. Niemals nämlich haben Marx und Engels ihr eigenes Werk als versteinertes Denkmal verstehen mögen: die marxistische Geschichtsauffassung und Theorie muß sich in jedem Augenblick einer geschichtlichen Praxis neu bewähren. Das gilt gegenüber den historischen Urteilen jener großen Denker und Kämpfer genau so wie bei der Beurteilung einer zerfallenen bürgerlichen Welt. Schließlich gab uns erst die Gedankenarbeit jener Männer die Möglichkeit, auch zeitbedingte Irrtümer ihres eigenen Denkens zu erkennen und, in einem dialektischen Sinne, „aufzuheben".

Das Werk von Marx und Engels aber gab uns damit die Möglichkeit, Rückschau zu halten und Lehren für unsere Gegenwart zu ziehen. Ein Jahrhundert war vergangen, seit das Volk in Berlin und Wien auf den Barrikaden kämpfte, um eine demokratische Republik an die Stelle des reaktionären Fürstenbundes aus dem Geiste Metternichs zu setzen. Ein Jahrhundert verfloß, seit die gewählten Abgeordneten des deutschen Volkes am Nachmittag des 18. Mai in die Frankfurter Paulskirche einzogen. Was damals Herwegh und Freiligrath und Hoffmann von Fallersleben besungen hatten: die deutsche Einheit und die deutsche Freiheit in einem demokratisch geeinten

Volk, steht hundert Jahre später dringender als je auf der Tagesordnung. Der Sinn des Märzaufstandes hatte darin bestanden, die Aufsplitterung des deutschen Volkes in Kleinstaaterei und landsmannschaftliche Borniertheit zu beseitigen. „Das ganze Deutschland soll es sein" — im Liede klang damals zwar auch schon jener Zug einer Eroberungspolitik mit, der in der Haltung der Paulskirche zur Polenfrage sich so unheilvoll ankündigen sollte; allein trotzdem war es im Kern eine Losung der inneren Verbundenheit aller Deutschen im Bewußtsein der Zugehörigkeit zu einem gemeinsamen Volk. Aus dem sich einig wissenden Volk aber sollte der geeinte demokratische Volksstaat entstehen.

Die Hoffnungen des März sind damals nicht in Erfüllung gegangen. Als die demokratisch gewählten Volksvertreter schließlich in allen Ländern mit Waffengewalt auseinandergejagt worden waren, fand die Reaktion keine bessere Lösung, als Metternichs unseliges Produkt, den Frankfurter Diplomatenkongreß, neu zu beleben und als politische Ausdrucksform deutscher Einheitswünsche von neuem vorzustellen. Von hier datiert die Entwicklung, die ein Jahrhundert später abermals die Frage der deutschen Einheit und ihrer Sicherung gegenüber allen partikularistischen Lösungsversuchen im Sinne eines neuen Metternich-Geistes als Aufgabe stellen sollte. Nun sind — das lehrt mit aller Deutlichkeit das vorliegende Buch — die damaligen Lösungen nicht abstrakt und ungewandelt heute zu übernehmen. Wenn heute die Vollendung der demokratischen Revolution von 1848 als drängendste Frage der deutschen Gegenwart steht, so kann es sich nicht um die Vollendung der kleinbürgerlichen Demokratie handeln, wie sie, unter scharfem Widerspruch von Marx und Engels, die damalige „Linke" in der Paulskirche zur Grundlage ihrer Politik gemacht hatte. Wenn heute die Frage der deutschen Einheit auf der Grundlage jener Tatsachen gestellt werden muß, die uns der Zusammenbruch des Hitlerreiches als furchtbare Erbschaft hinterließ, so ist damit ebenfalls gesagt, daß uns auch die Debatten über eine „großdeutsche" oder „kleindeutsche" Lösung nicht mehr beschäftigen können. Geblieben aber ist die Notwendigkeit einer deutschen Lösung; geblieben ist die Forderung einer demokratischen Lösung im Sinne jener gesellschaftlichen Erkenntnisse, die wir durch hundert Jahre deutscher Fehlentwicklung immer wieder aus den von Reaktion und Konterrevolution erstickten Freiheitsbewegungen gelernt haben. Diesen Weg zu erkennen, die fortschrittlichen und die rückschrittlichen Tendenzen in der deutschen Revolution von 1848 und 1849 scharf zu unterscheiden, gibt es auch heute noch kein besseres Mittel als die Beschäftigung mit den im Kampf der Ideen und der Freiheitsbewegung gehärteten Erkenntnissen von Karl Marx und Friedrich Engels.

Frankfurt a. M., im Mai 1948 *Hans Mayer*

I

Deutschland bei Ausbruch der Revolution

London, September 1851

Der erste Akt des revolutionären Dramas auf dem europäischen Kontinent ist zu Ende. Die „Mächte der Vergangenheit" vor dem Sturm von 1848 sind wieder die „Mächte der Gegenwart", und die mehr oder weniger populären Eintagsherrscher, die provisorischen Regenten, Triumvirn, Diktatoren mit ihrem Gefolge von Abgeordneten, Zivilkommissaren, Militärkommissaren, Präfekten, Richtern, Generalen, Offizieren und Soldaten, sind an fremde Küsten verschlagen und „über See verschickt", nach England oder Amerika, um dort neue Regierungen „in partibus infidelium"[1], europäische Komitees, Zentralkomitees, nationale Komitees zu bilden und ihr Kommen in Proklamationen anzukündigen, nicht minder feierlich als die irgendwelcher weniger imaginärer Potentaten.

Eine schwerere Niederlage als die, welche die Revolutionspartei — oder besser die Revolutionsparteien — auf dem Kontinent an allen Punkten der Kampflinie erlitten, ist kaum vorstellbar. Doch was will das besagen? Hat nicht das Ringen des britischen Bürgertums um die soziale und politische Vorherrschaft achtundvierzig, das des französischen Bürgertums vierzig Jahre beispielloser Kämpfe umfaßt? Und war ihr Triumph nicht am nächsten gerade in dem Augenblick, wo die wiederhergestellte Monarchie sich fester im Sattel wähnte denn je? Die Zeiten jenes Aberglaubens, der Revolutionen auf die Bösartigkeit einer Handvoll Agitatoren zurückführt, sind längst vorüber. Alle Welt weiß heutzutage, daß überall, wo eine revolutionäre Erschütterung eintritt, ein gesellschaftliches Bedürfnis dahinterstecken muß, dessen Befriedigung durch überlebte Einrichtungen verhindert

---

[1] Wörtlich: in den Gebieten der Ungläubigen; hier: außerhalb des Landes, dessen Regierung sie darstellen wollen; Scheinregierungen. *Die Red.*

wird. Das Bedürfnis mag noch nicht so dringend, so allgemein empfunden werden, um einen unmittelbaren Erfolg zu verbürgen; aber jeder Versuch einer gewaltsamen Unterdrückung wird es nur immer stärker hervortreten lassen, bis es seine Fesseln zerbricht. Sind wir nun einmal geschlagen, so haben wir nichts anderes zu tun als wieder von vorn anzufangen. Und die wahrscheinlich sehr kurze Ruhepause, die uns zwischen dem Schluß des ersten und dem Anfang des zweiten Aktes vergönnt ist, gibt uns zum Glück die Zeit zu einem sehr notwendigen Stück Arbeit: zur Untersuchung der Ursachen, die wie die letzte Erhebung so auch ihr Mißlingen unvermeidlich machten; Ursachen, die nicht in den zufälligen Bestrebungen, Talenten, Fehlern, Irrtümern oder Verrätereien einiger Führer zu suchen sind, sondern in dem allgemeinen gesellschaftlichen Zustand und in den Lebensbedingungen einer jeden der von Erschütterungen betroffenen Nationen. Daß die plötzlichen Bewegungen des Februar und März 1848 nicht das Werk von Einzelpersonen waren, sondern der spontane, unwiderstehliche Ausdruck von Bedürfnissen und Notwendigkeiten der Völker, mehr oder weniger klar verstanden, aber von einer ganzen Anzahl von Klassen in allen Ländern sehr deutlich empfunden, ist eine allgemein anerkannte Tatsache; wenn man aber nach den Ursachen der Erfolge der Konterrevolution forscht, so erhält man von allen Seiten die bequeme Antwort, Herr X oder Bürger Y habe das Volk „verraten". Diese Antwort kann durchaus zutreffen oder auch nicht, je nach den Umständen, aber unter keinen Umständen liefert sie eine Erklärung, ja sie macht nicht einmal verständlich, wie es kam, daß das „Volk" sich derart verraten ließ. Und wie jämmerlich sind die Aussichten einer politischen Partei, deren ganzes politisches Inventar in der Kenntnis der einen Tatsache besteht, daß dem Bürger Soundso nicht zu trauen ist.

Überdies ist es vom historischen Standpunkt aus von größter Bedeutung, daß sowohl die Ursachen der revolutionären Erschütterung wie die ihrer Unterdrückung untersucht und klargestellt werden. All die kleinlichen persönlichen Zänkereien und Beschuldigungen, all die einander widersprechenden Behauptungen, daß Marrast oder Ledru-Rollin oder Louis Blanc oder ein anderes Mitglied der Provisorischen Regierung es war oder alle zusammen, die die Revolution mitten in die Klippen hineingesteuert, an denen sie scheiterte — welches Interesse können sie bieten, welches Licht auf die Ereignisse werfen für einen Amerikaner oder Engländer, der all diese verschiedenen Bewegungen aus einer Entfernung beobachtete, die zu groß war, um ihn irgendwelche Einzelheiten der Vorgänge unterscheiden zu lassen? Kein vernünftiger Mensch wird jemals glauben, daß elf Männer[1], zumeist von recht mittelmäßiger Begabung zum Nutzen wie zum Schaden, imstande gewesen seien, im Verlauf von drei Monaten eine Nation von sechsunddreißig Millionen zugrunde zu richten, wenn sich diese sechsunddreißig Millionen über den einzuschlagenden Weg nicht genau so im unklaren waren wie jene elf. Aber wie es kam, daß diese sechsunddreißig Millionen, obwohl sie zum Teil im Ungewissen umhertappten, auf einmal berufen waren, nach eigenem Gutdünken zu entscheiden, welcher Weg beschritten werden solle, wie sie in die Irre gerieten und wie ihre alten Führer vorübergehend die Möglichkeit erhielten, wieder die Führung zu erlangen — das ist gerade die Frage.

Wenn wir also versuchen, den Lesern der „Tribune" die Ursachen auseinanderzusetzen, die mit Notwendigkeit die Revolution von 1848 hervorriefen und ebenso unvermeidlich zu ihrer zeitweiligen Unterdrückung in den Jahren 1849 und 1850 führten, so darf man von uns nicht erwarten, daß wir eine vollständige Schilderung der Ereignisse geben, wie sie sich in Deutschland abgespielt haben. Spätere Ereignisse und das Urteil der Nachwelt werden entscheiden, was von dieser verworrenen Masse scheinbar zufälliger, zusammenhangloser und nicht miteinander vereinbarer Tatsachen bestimmt ist, in die Weltgeschichte einzugehen. Die Zeit für eine solche Aufgabe ist noch nicht gekommen; wir müssen uns in den Grenzen des möglichen halten und uns zufrieden geben, wenn es uns gelingt, vernunftgemäße, auf unleugbaren Tatsachen beruhende Ursachen zu finden, die die wichtigsten Ereignisse, die entscheidenden Wendepunkte jener Bewegung erklären und uns Aufschluß über die Richtung geben, die der nächste, vielleicht gar nicht so ferne Ausbruch dem deutschen Volke vermitteln wird.

Zunächst, welches war der Zustand Deutschlands bei Ausbruch der Revolution?

Die Zusammensetzung der verschiedenen Klassen des Volkes, die die Grundlage eines jeden politischen Organismus bilden, war in

---

[1] Die elf Mitglieder der am 24. Februar 1848 gebildeten provisorischen Regierung in Frankreich. *Die Red.*

Deutschland komplizierter als in irgendeinem anderen Lande. Während in England und Frankreich eine mächtige, reiche, in großen Städten und namentlich in der Hauptstadt konzentrierte Bourgeoisie den Feudalismus völlig vernichtet oder wenigstens, wie in dem erstgenannten Lande, auf einige wenige, bedeutungslose äußere Formen reduziert hatte, war dem Feudaladel in Deutschland ein großer Teil seiner alten Privilegien erhalten geblieben. Fast überall herrschte noch das System des feudalen Grundbesitzes. Die Grundherren hatten sogar die Gerichtsbarkeit über ihre Hintersassen behalten. Obzwar ihrer politischen Vorrechte, des Rechtes, die Fürsten zu kontrollieren, beraubt, hatten sie doch fast ihre ganzen mittelalterlichen Hoheitsrechte über die Bauernschaft ihrer Domänen sowie die Steuerfreiheit bewahrt. Der Feudalismus war in manchen Gegenden mehr in Blüte als in anderen, aber außer auf dem linken Rheinufer war er nirgends völlig beseitigt. Dieser seinerzeit außerordentlich zahlreiche und zum Teil sehr reiche Feudaladel galt offiziell als der erste „Stand" im Lande. Er stellte die höheren Staatsbeamten, er besetzte fast ausschließlich die Offiziersstellen in der Armee.

Die Bourgeoisie Deutschlands war bei weitem nicht so reich und konzentriert wie die Frankreichs oder Englands. Die alten Manufakturen Deutschlands waren durch das Aufkommen der Dampfkraft und durch die rasch sich ausbreitende Vorherrschaft der englischen Industrie zugrunde gerichtet worden; die modernen Industrien, die, unter dem napoleonischen Kontinentalsystem[1] ins Leben gerufen, in anderen Teilen des Landes errichtet wurden, boten keinen Ausgleich für den Verlust der alten und reichten nicht aus, um an der Industrie ein Interesse hervorzurufen, das stark genug gewesen wäre, Regierungen, die jeder Anhäufung nichtadeligen Reichtums und nichtadeliger Macht argwöhnisch gegenüberstanden, zur Rücksicht auf ihre Bedürfnisse zu zwingen. Während Frankreich seine Seidenindustrie siegreich über fünfzig Revolutions- und Kriegsjahre hinwegbrachte, büßte Deutschland im gleichen Zeitraum fast seine ganze Leinenindustrie ein. Überdies waren die deutschen Industriebezirke dünn gesät und weit verstreut, sie lagen tief im Innern des Landes, benutzten für ihre Ein- und Ausfuhr vorwiegend aus-

---

[1] Der von Napoleon I. durchgeführte Boykott des englischen Imports, an dem sich außer Frankreich auch Preußen, Holland, Rußland, Spanien und einige andere Länder beteiligten. *Die Red.*

ländische, holländische oder belgische Häfen und hatten daher wenig oder gar keine gemeinsamen Interessen mit den großen Hafenstädten an der Nord- und Ostsee; vor allem aber waren sie außerstande, große Industrie- und Handelszentren zu bilden wie Paris und Lyon, London und Manchester. Die Rückständigkeit der deutschen Industrie hatte mannigfaltige Ursachen, aber zwei werden zu ihrer Erklärung genügen: die ungünstige geographische Lage des Landes, seine Entfernung vom Atlantischen Ozean, der zur großen Heerstraße des Welthandels geworden war, sowie die ständigen Kriege, in die Deutschland verwickelt war und die auf seinem Boden ausgefochten wurden vom 16. Jahrhundert an bis auf den heutigen Tag. Durch diese zahlenmäßige Schwäche und namentlich ihre mangelhafte Konzentration war die deutsche Bourgeoisie gehindert, jene politische Machtstellung zu erringen, deren sich die englische Bourgeoisie seit 1688 stets erfreut und die die französische Bourgeoisie 1789 erobert hat. Und doch war in Deutschland der Reichtum und mit dem Reichtum die politische Bedeutung der Bourgeoisie seit 1815[1] in ständigem Wachstum begriffen. Die Regierungen waren, wenn auch widerwillig, gezwungen, wenigstens ihren unmittelbaren materiellen Interessen Rechnung zu tragen. Man kann sogar mit Recht sagen, daß von 1815 bis 1830 und von 1832 bis 1840 jedes Stückchen politischen Einflusses, das der Bourgeoisie in den Verfassungen der kleineren Staaten eingeräumt war und in den erwähnten beiden Reaktionsperioden wieder entrissen wurde — daß jedes derartige Stückchen durch irgendeinen handgreiflicheren Vorteil aufgewogen wurde. Jede politische Niederlage der Bourgeoisie zog einen Sieg auf dem Gebiete der Handelsgesetzgebung nach sich. Und sicherlich war der preußische Schutzzolltarif von 1818 und die Gründung des Zollvereins[2] für die deutschen Kaufleute und Industriellen

---

[1] D. h. nach dem endgültigen Sturz Napoleons I., als die Kontributionszahlungen der deutschen Staaten an Frankreich aufhörten und West- und Süddeutschland nicht mehr von Frankreich abhängig waren. *Die Red.*

[2] Seit dem Jahre 1818 hatten sich die deutschen Staaten nach und nach unter Führung Preußens in der Frage der Zölle geeinigt. Der im Jahre 1834 gegründete Norddeutsche Zollverein (dem Österreich und einige norddeutsche Staaten nicht angeschlossen waren) beseitigte die Zollschranken zwischen den ihm angeschlossenen Ländern und schuf einen gemeinsamen Verrechnungsmodus für die Zölle, die an den Grenzen des zum Zollverein gehörenden Gebietes erhoben wurden. *Die Red.*

ein gut Teil mehr wert als das zweifelhafte Recht, in der Kammer des einen oder anderen Duodezstaats Ministern ihr Mißtrauen auszusprechen, die über ihre Abstimmung nur lachten. So gelangte die Bourgeoisie mit wachsendem Reichtum und zunehmender Ausdehnung ihres Handels bald zu einem Stadium, wo sie sich in der Entfaltung ihrer wichtigsten Interessen durch die politische Verfassung des Landes gehemmt sah: durch seine kunterbunte Zersplitterung unter sechsunddreißig Fürsten mit einander widersprechenden Bestrebungen und Launen; durch die feudalen Fesseln, die die Landwirtschaft und die mit ihr verbundenen Gewerbe beengten; durch die aufdringliche Überwachung, der eine unwissende, anmaßende Bürokratie ihren ganzen Geschäftsbetrieb unterzog. Gleichzeitig führten die Ausdehnung und Festigung des Zollvereins, die allgemeine Einführung der Dampfkraft in den Verkehr, die wachsende Konkurrenz auf dem inneren Markt zu einer gegenseitigen Annäherung der kommerziellen Klassen der verschiedenen Staaten und Provinzen, zur Ausgleichung ihrer Interessen und zur Zentralisation ihrer Macht. Die natürliche Folge war der Übergang ihrer ganzen Masse ins Lager der liberalen Opposition und der siegreiche Ausgang des ersten ernstlichen Kampfes der deutschen Bourgeoisie um politische Macht. Diesen Umschwung kann man von 1840[1] datieren, von dem Zeitpunkt, in dem die preußische Bourgeoisie an die Spitze der Bewegung des deutschen Bürgertums trat. Wir werden auf diese Bewegung der liberalen Opposition von 1840 bis 1847 später noch zurückkommen.

Die große Masse der Nation, die weder dem Adel noch der Bourgeoisie angehörte, bestand in den Städten aus der Klasse der Kleinbürger und der Arbeiterschaft, auf dem Lande aus der Bauernschaft.

Die Klasse der Kleingewerbetreibenden und Kleinhändler in Deutschland ist außerordentlich zahlreich, eine Folge des Umstands, daß die Großkapitalisten und Großindustriellen als Klasse in ihrer Entwicklung gehemmt waren. In den größeren Städten bildet sie bei-

---

[1] Die Unzufriedenheit der preußischen Bourgeoisie kam zum erstenmal im Jahre 1840 nach dem Tode des preußischen Königs Friedrich Wilhelm III. zum Durchbruch, als sein Sohn Friedrich Wilhelm IV., auf den die Bourgeoisie ihre Hoffnungen gesetzt hatte, sich weigerte, die von seinem Vater im Jahre 1815 versprochene Verfassung zu gewähren. *Die Red.*

nahe die Mehrheit der Bevölkerung, in den kleineren überwiegt sie vollständig, da es dort an reicheren Mitbewerbern um den maß•gebenden Einfluß fehlt. Das Kleinbürgertum, in jedem modernen Staat und bei allen modernen Revolutionen von höchster Bedeutung, ist besonders wichtig in Deutschland, wo es bei den jüngsten Kämpfen meist die entscheidende Rolle gespielt hat. Seine Zwischenstellung zwischen der Klasse der größeren Kapitalisten, Kaufleute und Industriellen, der eigentlichen Bourgeoisie, und dem Proletariat oder der Arbeiterklasse ist für seinen Charakter bestimmend. Es strebt nach der Stellung der Bourgeoisie, aber das geringste Mißgeschick schleudert die Angehörigen des Kleinbürgertums hinab in die Reihen des Proletariats. In monarchischen und feudalen Ländern bedarf das Kleinbürgertum, um existieren zu können, der Kundschaft des Hofes und des Adels; der Verlust dieser Kundschaft würde es zu einem großen Teil zugrunde richten. In kleineren Städten bildet häufig eine militärische Garnison, eine Kreisregierung, ein Gerichtshof und deren Anhang die Grundlage seines Wohlstands; entzieht man sie ihm, so ist es um die Krämer, Schneider, Schuhmacher, Schreiner geschehen. Dieses ewige Hin- und Hergerissensein zwischen der Hoffnung, in die Reihen der wohlhabenderen Klassen aufzusteigen, und der Furcht, auf das Niveau von Proletariern oder gar Paupers hinabgedrückt zu werden; zwischen der Hoffnung, seine Interessen durch Eroberung eines Anteils an der Leitung der Staatsgeschäfte zu fördern, und der Furcht, durch ungelegene Opposition den Zorn einer Regierung zu erregen, von der seine Existenz abhängt, da sie die Macht hat, ihm die besten Kunden zu entziehen; die Geringfügigkeit seines Besitzes, dessen Unsicherheit im umgekehrten Verhältnis steht zu seiner Größe — all dies macht das Kleinbürgertum äußerst wankelmütig in seinen Anschauungen. Demütig und kriecherisch-unterwürfig unter einer starken feudalen oder monarchischen Regierung, wendet es sich dem Liberalismus zu, wenn die Bourgeoisie im Aufstieg ist; sobald die Bourgeoisie ihre eigene Herrschaft gesichert hat, wird es von heftigen demokratischen Anwandlungen befallen, fällt aber sofort in klägliche Verzagtheit zurück, sobald die Klasse unter ihm, das Proletariat, eine selbständige Bewegung unternimmt. Wir werden im weiteren sehen, wie das Kleinbürgertum abwechselnd aus dem einen dieser Stadien ins andere übergeht.

Die Arbeiterklasse Deutschlands ist in ihrer gesellschaftlichen und politischen Entwicklung ebensoweit hinter der Englands und Frankreichs zurück wie die deutsche Bourgeoisie hinter der Bourgeoisie jener Länder. Wie der Herr, so 's Gescherr. Die Entwicklung der Existenzbedingungen für ein zahlreiches, starkes, konzentriertes und intelligentes Proletariat geht Hand in Hand mit der Entwicklung der Existenzbedingungen für eine zahlreiche, wohlhabende, konzentrierte und mächtige Bourgeoisie. Die Arbeiterbewegung selbst ist niemals unabhängig, sie trägt niemals ausschließlich proletarischen Charakter, solange nicht alle die verschiedenen Schichten der Bourgeoisie, namentlich ihre fortschrittlichste Schicht, die Großindustriellen, die politische Macht erobert und den Staat ihren Bedürfnissen entsprechend umgestaltet haben. Dann ist der Augenblick gekommen, wo der unvermeidliche Konflikt zwischen Unternehmern und Arbeitern in drohende Nähe rückt und nicht länger hinausgeschoben werden kann, der Augenblick, wo sich die Arbeiterklasse nicht länger mit trügerischen Hoffnungen und niemals erfüllbaren Versprechungen abspeisen läßt, wo endlich das große Problem des neunzehnten Jahrhunderts, die Aufhebung des Proletariats, mit voller Klarheit und in ihrem wahren Lichte in den Vordergrund rückt. Nun wurde aber in Deutschland die große Masse der Arbeiterschaft nicht von jenen modernen Industriefürsten beschäftigt, von denen Großbritannien so prachtvolle Exemplare aufweist, sondern von kleineren Handwerksmeistern, deren ganze Produktionsweise lediglich ein Überbleibsel aus dem Mittelalter ist. Und wie zwischen einem großen Baumwollord und einem kleinen Flickschuster oder Schneidermeister ein himmelweiter Unterschied besteht, so besteht auch ein gewaltiger Unterschied zwischen den aufgeweckten Industriearbeitern eines modernen Industriebabel und dem schüchternen Schneider- oder Schreinergesellen eines kleinen Landstädtchens, dessen Lebensverhältnisse und Arbeitsmethoden sich von denen seiner Zunftgenossen vor fünfhundert Jahren wenig unterscheiden. Die natürliche Begleiterscheinung des allgemeinen Fehlens moderner Lebensverhältnisse und moderner industrieller Produktionsweisen war ein fast ebenso großer Mangel an modernen Ideen, und daher ist es nicht verwunderlich, wenn ein großer Teil des Proletariats bei Ausbruch der Revolution den Ruf nach sofortiger Wiederherstellung der Zünfte und der mittelalterlichen privilegierten Handwerkerinnungen erhob. Zwar bildete sich unter dem Einfluß der Industriebezirke, wo die moderne Produktionsweise vorherrschte, und infolge der Möglichkeiten gegenseitigen Verkehrs und geistiger Entwicklung, die das Wanderleben zahlreicher Arbeiter mit sich brachte, ein starker Kern von Elementen, die über die Emanzipation ihrer Klasse bedeutend klarere, mit der praktischen Wirklichkeit und der historischen Notwendigkeit besser in Einklang stehende Ideen hatten; aber sie bildeten nur eine Minderheit. Wenn die aktive Bewegung der Bourgeoisie von 1840 datiert werden kann, so nimmt die des Proletariats ihren Anfang mit den Erhebungen der schlesischen und böhmischen Fabrikarbeiter[1] im Jahre 1844, und wir werden bald Gelegenheit haben, über die verschiedenen Stadien, die diese Bewegung durchlief, einen Überblick zu gewinnen.

Schließlich gab es noch die große Klasse der kleinen Landwirte, die Bauernschaft, die mit ihrem Anhang von Landarbeitern die große Mehrheit des ganzen Volkes darstellt. Aber diese Klasse zerfiel selbst wieder in verschiedene Schichten. Da waren, erstens, die wohlhabenderen Landwirte, die in Deutschland als Groß- und Mittelbauern bezeichnet werden, Eigentümer mehr oder weniger umfangreicher Wirtschaften, von denen jeder über die Dienste mehrerer Landarbeiter verfügt. Für diese Klasse, die zwischen den steuerfreien feudalen Großgrundbesitzern einerseits, den Kleinbauern und Landarbeitern andrerseits stand, war aus leicht begreiflichen Gründen ein Bündnis mit der adelsfeindlichen städtischen Mittelklasse die natürlichste Politik. Dann gab es, zweitens, die kleinen Freisassen, die im Rheinland[2] vorherrschten, wo der Feudalismus den wuchtigen Schlägen der Großen Französischen Revolution erlegen war. Ähnliche unabhängige kleine Freibauern gab es auch da und dort in anderen Provinzen, wo es ihnen gelungen war, die feudalen Lasten, die ehedem auf ihren Grundstücken ruhten, mit Geld abzu-

---

[1] Der Aufstand der schlesischen Weber gegen die Fabrikanten, der durch Militär gewaltsam unterdrückt wurde, und der Aufstand der Kattundrucker in einigen Städten Böhmens. *Die Red.*

[2] Im Rheinland, wo der Einfluß der Großen Französischen Revolution von 1789—1792 sehr stark war, wurden während der Herrschaft Napoleons I. die Feudalverhältnisse aufgehoben und nach 1815 nicht wiederhergestellt. Im übrigen Preußen dagegen blieb das Feudalsystem im wesentlichen bis 1848 erhalten. *Die Red.*

lösen. Diese Klasse war jedoch nur dem Namen nach eine Klasse von freien Bauern, da ihr Besitz gewöhnlich in so hohem Grade und unter so drückenden Bedingungen mit Hypotheken belastet war, daß nicht der Bauer, sondern der Wucherer, der das Geld vorgestreckt, der wirkliche Besitzer des Landes war. Drittens, die feudalen Hintersassen, die nicht leicht von ihrem Land vertrieben werden konnten, die aber eine ewige Pacht zu entrichten oder für ewig eine gewisse Menge Arbeit für den Gutsherrn zu leisten hatten. Endlich die Landarbeiter, deren Lage auf vielen großen Gütern genau die gleiche war wie die derselben Klasse in England und die auf alle Fälle arm, unterernährt und als Sklaven ihrer Herren lebten und starben. Die drei letztgenannten Klassen der Landbevölkerung, die kleinen Freibauern, die feudalen Hintersassen und die Landarbeiter, hatten sich vor der Revolution über Politik nie viel Kopfzerbrechen gemacht; aber es ist klar, daß dieses Ereignis ihnen eine neue Bahn voll der glänzendsten Ausblicke eröffnen mußte. Ihnen allen bot die Revolution Vorteile, und war die Bewegung erst einmal ordentlich im Gange, so stand zu erwarten, daß sich ihr der Reihe nach alle anschließen würden. Gleichzeitig aber ist es ebenso klar und durch die Geschichte aller modernen Länder in gleicher Weise bestätigt, daß die Landbevölkerung niemals selbständig in eine erfolgreiche Bewegung eintreten kann; denn sie ist über ein zu großes Gebiet verstreut, und es hält schwer, unter einem einigermaßen erheblichen Teil von ihr eine Verständigung herbeizuführen; den Anstoß muß ihr die Initiative der aufgeweckteren und beweglicheren Bevölkerung geben, die in den Städten konzentriert ist.

Die vorstehende gedrängte Skizze der wichtigsten Klassen, aus denen sich bei Ausbruch der jüngsten Bewegung die deutsche Nation zusammensetzte, wird bereits genügen, um den Mangel an Konsequenz und innerer Übereinstimmung sowie die offenkundigen Widersprüche, die dieser Bewegung das Gepräge geben, zu einem großen Teil zu erklären. Wenn so verschiedenartige, so gegensätzliche, so merkwürdig durcheinanderlaufende Interessen heftig aufeinanderprallen, wenn diese widerstreitenden Interessen in jedem Bezirk, in jeder Provinz in einem anderen Verhältnis gemischt sind, wenn vor allem kein großes Zentrum im Lande ist, kein London oder Paris, dessen Entscheidung so viel Gewicht hat, daß nicht der gleiche Zwist in jeder Gegend immer wieder von neuem durchgefochten zu werden braucht: was kann man da anders erwarten, als daß der Kampf sich in eine Menge unzusammenhängender Einzelkämpfe auflöst, in denen ungeheuer viel Blut, Energie und Kapital vergeudet wird und die trotz allem ohne entscheidendes Ergebnis bleiben?

Die politische Zerstückelung Deutschlands in drei Dutzend mehr oder minder bedeutende Staaten erklärt sich gleichfalls aus dieser vielfältigen Verworrenheit der Elemente, aus denen sich die Nation zusammensetzt und die wiederum in jeder Gegend verschieden sind. Wo es keine Gemeinsamkeit der Interessen gibt, da kann es auch keine Gemeinsamkeit der Ziele, geschweige des Handelns geben. Der Deutsche Bund[1] ist allerdings für ewig unauflösbar erklärt worden; aber der Bund und sein Organ, der Bundestag, haben niemals die deutsche Einheit repräsentiert. Das Höchstmaß von Zentralisation, zu dem man es in Deutschland je gebracht hat, war die Gründung des Zollvereins; dadurch sahen sich auch die Staaten an der Nordsee gezwungen, eine eigene Zollvereinigung zu bilden, während Österreich sich auch weiterhin hinter seiner besonderen Zollmauer verschanzte. Deutschland hatte die Genugtuung, daß es für alle praktischen Zwecke nur mehr in drei selbständige Mächte zerfiel, statt wie vorher in sechsunddreißig. An der aus dem Jahr 1814 stammenden allgewaltigen Oberhoheit des russischen Zaren[2] wurde dadurch natürlich nichts geändert.

Nachdem wir einleitend diese Schlußfolgerungen aus unsern Voraussetzungen gezogen, werden wir zunächst untersuchen, wie die erwähnten verschiedenen Klassen des deutschen Volkes eine nach der anderen in Bewegung kamen und welchen Charakter die Bewegung nach dem Ausbruch der französischen Revolution von 1848 annahm.

(Erschienen in der „New York Daily Tribune" vom 25. Oktober 1851.)

---

[1] Der Deutsche Bund wurde nach dem Sturz Napoleons I. auf dem Wiener Kongreß im Jahre 1815 gegründet. *Die Red.*

[2] Der russische Zar spielte in der nach dem Sturz Napoleons I. zwischen Rußland, Österreich und Preußen im Jahre 1815 geschlossenen reaktionären „Heiligen Allianz" die führende Rolle. *Die Red.*

II

Der preußische Staat

London, September 1851

Die politische Bewegung der Mittelklasse oder Bourgeoisie in Deutschland kann vom Jahre 1840 datiert werden. Ihr gingen Anzeichen voraus, die zeigten, daß die kapitalbesitzende und industrielle Klasse dieses Landes einem Zustand entgegenreifte, der ihr nicht länger gestattete, den Druck eines halbfeudalen, halbbürokratischen monarchischen Regimes apathisch und passiv hinzunehmen. Die kleineren deutschen Fürsten gewährten einer nach dem anderen Verfassungen von mehr oder weniger liberalem Charakter, teils um sich größere Unabhängigkeit gegenüber der Vormachtstellung Österreichs und Preußens oder gegenüber dem Einfluß des Adels in ihren eigenen Staaten zu sichern, teils um die durch den Wiener Kongreß[1] unter ihrer Herrschaft vereinigten Provinzen, die kein zusammenhängendes Gebiet darstellten, zu einem einheitlichen Ganzen zusammenzufassen. Sie konnten das tun, ohne eine Gefahr zu laufen; denn wenn der Bundestag, diese Marionette in den Händen Österreichs und Preußens, ihre Unabhängigkeit als regierende Fürsten anzutasten versuchte, konnten sie sicher sein, bei ihrem Widerstand gegen sein diktatorisches Eingreifen die öffentliche Meinung und die Kammern hinter sich zu haben; und wenn umgekehrt die Kammern zu stark wurden, konnten sie ohne weiteres die Autorität des Bundestags in Anspruch nehmen, um jede Opposition zu brechen. Die verfassungsmäßigen Einrichtungen in Bayern, Württemberg, Baden oder Hannover konnten unter solchen Umständen keinen ernstlichen Kampf um die politische Macht hervorrufen, und daher hielt sich die deutsche Bourgeoisie in ihrer großen Mehrheit von dem kleinlichen Gezänk in den Parlamenten der Kleinstaaten fern, denn sie wußte sehr wohl, daß ohne grundlegende Änderung in der Politik und Verfassung der beiden deutschen Großmächte Kämpfe und Siege von untergeordneter Bedeutung keinen Wert haben konnten. Gleichzeitig aber kam in diesen kleinen Parlamenten eine Sorte liberaler

---

[1] Auf dem Wiener Kongreß im Jahre 1814 veränderten die Vertreter der europäischen Mächte die Karte Europas zugunsten der reaktionären Staaten (England, Rußland, Preußen, Österreich usw.), die über das napoleonische Frankreich siegten. *Die Red.*

Advokaten auf, die berufsmäßig Opposition machten: die Rotteck, Welcker, Römer, Jordan, Stüve, Eisenmann, jene großen „Volksmänner", die nach zwanzigjähriger, mehr oder minder lärmender, immer aber erfolgloser Opposition durch die revolutionäre Springflut von 1848 auf den Gipfel der Macht getragen und, nachdem sie dort ihre völlige Unfähigkeit und Nichtigkeit gezeigt, im Handumdrehen wieder ins Nichts zurückgeschleudert wurden. Diese ersten Exemplare von Geschäftspolitikern und Berufsoppositionellen in Deutschland gewöhnten das deutsche Ohr durch ihre Reden und Schriften an die Sprache des Konstitutionalismus und verkündeten durch ihre bloße Existenz das Nahen einer Zeit, in der die politischen Phrasen, die bei diesen geschwätzigen Advokaten und Professoren im Schwange waren, ohne daß sie von ihrem ursprünglichen Sinn viel wußten, in den Gebrauch der Bourgeoisie übergehen und damit ihre eigentliche Bedeutung zurückerlangen würden.

Auch die deutsche Literatur konnte sich dem Einfluß der politischen Erregung nicht entziehen, in die ganz Europa durch die Ereignisse des Jahres 1830 versetzt worden war. Ein unreifer Konstitutionalismus und ein noch weniger reifer Republikanismus wurde von fast allen Schriftstellern jener Zeit gepredigt. Immer mehr wurde es Gewohnheit, besonders bei einer Sorte minderwertiger Literaten, den Mangel an Geist in ihren Werken durch politische Anspielungen wettzumachen, die bestimmt Aufsehen erregten. Gedichte, Romane, Rezensionen, Dramen, kurz, die ganze literarische Produktion strotzte nur so von dem, was man „Tendenz" nannte, das heißt von mehr oder weniger schüchternen Äußerungen oppositioneller Gesinnung. Um die in Deutschland nach 1830 herrschende Begriffsverwirrung vollständig zu machen, vermengten sich mit diesen Elementen politischer Opposition halbverdaute Universitätserinnerungen an die deutsche Philosophie und mißverstandene Brocken von französischem Sozialismus, namentlich Saint-Simonismus, und die Clique von Schriftstellern, die sich des langen und breiten über diesen heterogenen Ideenmischmasch erging, nannte sich anmaßend „Das junge Deutschland"[1] oder „Die moderne Schule".

[1] „Das junge Deutschland" war eine literarische Strömung, die in den 30er Jahren des 19. Jahrhunderts unter dem Einfluß von Heine und Börne entstand. Die von dieser Gruppe betriebene Opposition war sehr inkonsequent, gleichwohl wurden ihre Schriften doch am 10. Dezember 1835 vom Bundestag verboten. *Die Red.*

Sie haben seither ihre Jugendsünden bereut, aber ihren Stil nicht verbessert.

Endlich hatte sich auch die deutsche Philosophie, dieses komplizierteste, gleichzeitig aber zuverlässigste Thermometer der Entwicklung des deutschen Geistes, auf die Seite der deutschen Bourgeoisie gestellt, als nämlich Hegel in seiner Rechtsphilosophie die konstitutionelle Monarchie als die höchste, vollkommenste Regierungsform bezeichnete. Mit anderen Worten, er kündigte den bevorstehenden Aufstieg der deutschen Bourgeoisie zur politischen Macht an. Nach seinem Tode blieb seine Schule dabei nicht stehen. Während der weiter fortgeschrittene Teil seiner Anhänger einerseits jeden religiösen Glauben der Feuerprobe einer strengen Kritik unterzog und das altehrwürdige Gebäude des Christentums bis auf seine Grundfesten erschütterte, entwickelte er andrerseits so kühne politische Auffassungen, wie deutsche Ohren sie bisher noch nie zu hören bekommen, und versuchte, das Andenken der Helden der ersten französischen Revolution wieder zu Ehren zu bringen. Wenn die abstruse philosophische Sprache, in die diese Ideen gekleidet waren, den Geist des Autors wie den des Lesers umnebelte, so blendete sie nicht minder die Augen des Zensors, und so kam es, daß die „Junghegelianer" sich einer Pressefreiheit erfreuten, wie kein anderer Zweig der Literatur sie kannte.

Somit war klar, daß in der öffentlichen Meinung in Deutschland eine große Wandlung im Gange war. Nach und nach schloß sich die große Mehrheit jener Klassen, die dank ihrer Bildung oder Lebensstellung auch unter einer absoluten Monarchie die Möglichkeit hatten, etwas politische Kenntnis zu erwerben und sich eine einigermaßen selbständige politische Meinung zu bilden, zu einer einheitlichen, machtvollen Phalanx der Opposition gegen die bestehende Ordnung zusammen. Und wenn man über die Langsamkeit der politischen Entwicklung in Deutschland urteilt, darf man keinesfalls die Schwierigkeiten außer Betracht lassen, sich über irgendeine Frage richtige Informationen zu verschaffen in einem Lande, wo die Nachrichtenquellen der Kontrolle der Regierung unterstehen und wo nirgends, von der Dorf- und Sonntagsschule bis zur Zeitung und Universität, etwas gesagt, gelehrt, gedruckt oder veröffentlicht werden darf ohne die vorherige Genehmigung der Regierung. Nehmen wir z. B. Wien. Die Bevölkerung Wiens, die an Betriebsamkeit und Gewerbefleiß vielleicht hinter keiner anderen in Deutschland zurücksteht, die an Geist, Mut und revolutionärer Energie sich jeder anderen weit überlegen erwiesen, kannte sich dennoch in ihren wirklichen Interessen weniger aus und beging während der Revolution mehr Fehler als irgendwer sonst; und daran war großenteils die fast völlige Unwissenheit in bezug auf die einfachsten politischen Fragen schuld, in der die Metternichregierung sie zu halten vermocht.

Es bedarf keiner weiteren Erklärung, warum unter einem solchen System politische Information das fast ausschließliche Monopol solcher Gesellschaftsklassen war, die es sich leisten konnten, ihre Einschmuggelung in das Land zu bezahlen, ganz besonders jener, deren Interessen durch die bestehenden Verhältnisse am schwersten betroffen wurden, nämlich der Klassen der Industriellen und Kaufleute. Sie waren daher die ersten, die sich gegen den Fortbestand eines mehr oder minder verhüllten Absolutismus in Massen zusammenschlossen, und von dem Augenblick ihres Übergangs in die Reihen der Opposition ist der Beginn der wirklich revolutionären Bewegung in Deutschland zu datieren.

Als Zeitpunkt der oppositionellen Schilderhebung der deutschen Bourgeoisie kann man das Jahr 1840 betrachten, das Todesjahr des vorigen Königs von Preußen, des letzten noch lebenden Gründers der Heiligen Allianz von 1815. Von dem neuen König war bekannt, daß er kein Freund der vorwiegend bürokratischen Militärmonarchie seines Vaters sei. Was die französische Bourgeoisie von der Thronbesteigung Ludwigs XVI. erwartet hatte, das erhoffte die deutsche Bourgeoisie bis zu einem gewissen Grade von Friedrich Wilhelm IV. von Preußen. Man war sich auf allen Seiten darüber einig, daß das alte System überlebt und bankrott sei, daß es aufgegeben werden müsse, und was man unter dem alten König schweigend ertragen, wurde jetzt laut als unerträglich bezeichnet.

Aber wenn Ludwig XVI., „Louis le Désiré",[1] ein harmloser, anspruchsloser Trottel war, seiner eigenen Nichtigkeit halb bewußt, ohne feste Ideen, in der Hauptsache beherrscht von den Gewohnheiten, die er während seiner Erziehung erworben, war „Friedrich Wilhelm le Désiré" etwas ganz anderes. Während er sein französisches Vorbild an Charakterschwäche zweifellos noch übertraf, mangelte es ihm weder an Prätentionen noch an Ideen. Auf Dilettanten-

---

[1] „Der Ersehnte". *Die Red.*

art hatte er sich mit den Anfangsgründen der meisten Wissenschaften vertraut gemacht und hielt sich daher für gebildet genug, um über jede Frage ein maßgebliches Urteil abzugeben. Er war überzeugt, ein Redner ersten Ranges zu sein, und sicherlich gab es keinen Handlungsreisenden in Berlin, der es an Fadheit vermeintlichen Witzes und Zungenfertigkeit mit ihm aufnehmen konnte. Und vor allem, er hatte seine Ideen. Er haßte und verachtete das bürokratische Element der preußischen Monarchie, aber nur, weil alle seine Sympathien dem feudalen Element gehörten. Als einer der Gründer und Hauptmitarbeiter des „Berliner Politischen Wochenblatts"[1], der sogenannten Historischen Schule[2] (einer Schule, die von den Ideen Bonalds, de Maistres und anderer literarischer Vertreter der ersten Generation der französischen Legitimisten zehrte), war er bestrebt, die soziale Vorherrschaft des Adels so vollständig wie möglich wiederherzustellen. Der König, der erste Edelmann seines Reiches, umgeben in erster Reihe von einem glanzvollen Hofstaat mächtiger Vasallen, Fürsten, Herzöge und Grafen, in zweiter Reihe von einem zahlreichen, begüterten niederen Adel; herrschend nach seinem Gutdünken über seine getreuen Bürger und Bauern, und auf diese Weise das Haupt einer vollständigen Hierarchie sozialer Abstufungen oder Kasten, deren jede sich ihrer besonderen Privilegien erfreut und von allen andern durch die fast unübersteigbare Schranke der Geburt oder einer unabänderlich festgelegten sozialen Stellung getrennt sein sollte; alle diese Kasten oder „Reichsstände" einander an Macht und Einfluß so trefflich die Waage haltend, daß dem König volle Handlungsfreiheit verblieb — das war das „beau idéal" [schöne Ideal], das Friedrich Wilhelm IV. zu verwirklichen suchte und das er gegenwärtig erneut zu verwirklichen strebt.

Es dauerte einige Zeit, bis die in theoretischen Fragen nicht sonderlich beschlagene preußische Bourgeoisie hinter den wirklichen

---

[1] Die einflußreichste konservative Zeitung in Deutschland, die von 1831 bis 1840 erschien. *Die Red.*

[2] Die Historische Schule war eine reaktionäre Rechtsschule in Deutschland, die Marx in seiner „Kritik der Hegelschen Rechtsphilosophie" folgendermaßen charakterisierte: „Eine Schule, welche die Niederträchtigkeit von heute durch die Niederträchtigkeit von gestern legitimiert, eine Schule, die jeden Schrei des Leibeignen gegen die Knute für rebellisch erklärt, sobald die Knute eine bejahrte, eine angestammte, eine historische Knute ist..." („Marx-Engels-Gesamtausgabe", Erste Abteilung, Bd. I, 1. Halbbd., S. 609.) *Die Red.*

Sinn der Absichten ihres Königs kam. Was sie aber sehr bald herausfand, war die Tatsache, daß seine Neigungen in einer Richtung gingen, die ihren Wünschen schnurstracks entgegengesetzt war. Kaum war das Mundwerk des neuen Königs durch den Tod seines Vaters entfesselt, da fing er auch schon an, seine Absichten in Reden sonder Zahl kundzutun, und jede seiner Reden, jede seiner Handlungen war dazu angetan, ihm die Sympathien der Bourgeoisie noch mehr zu entfremden. Das hätte ihm wenig verschlagen, wären nicht einige harte, außerordentlich beunruhigende Tatsachen gewesen, die ihn in seinen poetischen Träumen störten. Ach, warum versteht sich die Romantik so schlecht aufs Rechnen, und warum macht der Feudalismus seit Don Quichotte[1] immer die Rechnung ohne den Wirt? Friedrich Wilhelm IV. hatte zu viel von jener Verachtung für Bargeld an sich, die seit jeher das vornehmste Erbe der Söhne der Kreuzfahrer war. Er fand bei seiner Thronbesteigung ein wenn auch knauserig eingerichtetes, so doch kostspieliges Regierungssystem und einen mäßig gefüllten Staatsschatz vor. Innerhalb zweier Jahre war jede Spur eines Überschusses für höfische Feste, königliche Reisen, freigebige Spenden, Unterstützungen an hungernde und lungernde, gierige und schmierige Adelige usw. vertan, und die regelmäßigen Steuereingänge reichten jetzt weder für die Bedürfnisse des Hofes noch für die des Staates mehr aus. Und so befand sich Seine Majestät sehr bald in der Klemme zwischen einem gähnenden Defizit auf der einen und einem Gesetz von 1820 auf der andern Seite, das jede neue Anleihe und jede Erhöhung der bestehenden Steuern ohne Zustimmung der „künftigen Volksvertretung" für ungesetzlich erklärte. Diese Volksvertretung existierte nicht; der neue König war noch weniger als selbst sein Vater geneigt, sie zu schaffen, und wenn er es gewesen wäre, so wußte er, daß sich die öffentliche Meinung seit seinem Regierungsantritt erstaunlich gewandelt hatte.

In der Tat, die Bourgeoisie, die zum Teil erwartet hatte, der neue König werde sofort eine Verfassung gewähren, Pressefreiheit proklamieren, Schwurgerichte einführen usw. usf., kurz, sich selbst an die Spitze jener friedlichen Revolution stellen, die sie brauchte, um die politische Macht zu erlangen — die Bourgeoisie hatte ihren Irrtum

---

[1] Held des gleichnamigen Romans von Miguel de Cervantes. Wohlmeinender, aber unpraktischer, nicht mehr in seine Zeit passender, romantischer, rückwärtsgewandter Phantast. *Die Red.*

erkannt und sich wutentbrannt gegen den König gewendet. In der Rheinprovinz und mehr oder minder überall in ganz Preußen war sie so erbittert, daß sie sich in Ermangelung eigener Leute, die fähig waren, sie in der Presse zu vertreten, bis zu einem Bündnis mit jener extremen philosophischen Richtung verstieg, von der wir oben gesprochen. Die Frucht dieses Bündnisses war die „Rheinische Zeitung"[1] in Köln, ein Blatt, das nach fünfzehnmonatigem Bestehen unterdrückt wurde, von dem man aber den Beginn des modernen Zeitungswesens in Deutschland datieren kann. Das war im Jahre 1842.

Der arme König, dessen geschäftliche Schwierigkeiten ein wahrer Hohn auf seine mittelalterlichen Neigungen waren, fand sehr bald heraus, daß er nicht weiter regieren könne, wenn er sich nicht zu irgendeinem kleinen Zugeständnis an das allgemeine empörte Verlangen nach jener „Volksvertretung" verstand, die als letzter Rest der längst vergessenen Versprechungen von 1813 und 1815 in dem Gesetz von 1820 Ausdruck gefunden hatte. Er hielt es für den am wenigsten unangenehmen Weg, diesem verdrießlichen Gesetz zu genügen, wenn er die ständigen Ausschüsse der Provinzialstände zusammenberief. Die Einrichtung der Provinzialstände stammte aus dem Jahre 1823. Sie waren in allen acht Provinzen des Königreichs zusammengesetzt 1. aus dem Hochadel, den ehemals regierenden Häusern des deutschen Reichs, deren Häupter von Geburt Mitglied des Landtages waren; 2. aus den Vertretern der Ritterschaft oder des niederen Adels; 3. aus Vertretern der Städte; und 4. aus Abgeordneten der Bauernschaft oder der Klasse der kleinen Landwirte. Das Ganze war so eingerichtet, daß in jeder Provinz die beiden Gruppen des Adels immer die Mehrheit im Landtag hatten. Jeder dieser acht Provinziallandtage wählte einen Ausschuß, und diese acht Ausschüsse wurden nun nach Berlin berufen, um eine Volksvertretung zu bilden, die die so heiß begehrte Anleihe bewilligen sollte. Man erklärte, die Staatskasse sei gefüllt und die Anleihe werde nicht zur Deckung laufender Ausgaben benötigt, sondern für den Bau einer Staatseisenbahn. Doch die Vereinigten Ausschüsse antworteten dem König mit einer glatten Ablehnung, indem sie erklärten, sie seien nicht befugt,

---

[1] Organ des rheinischen liberalen Bürgertums, das 1842/43 in Köln erschien. Marx, der erst einer der Hauptmitarbeiter und seit Oktober 1842 Chefredakteur war, machte das Blatt zum Sprachrohr der revolutionären Demokratie, bis es Anfang 1843 von der preußischen Regierung verboten wurde. *Die Red.*

als Volksvertretung zu fungieren, und forderten Seine Majestät auf, das Versprechen einer Repräsentativverfassung einzulösen, das sein Vater gegeben, als er der Hilfe des Volkes gegen Napoleon bedurfte.

Die Tagung der Vereinigten Ausschüsse bewies, daß die oppositionelle Stimmung sich nicht mehr auf die Bourgeoisie beschränkte. Ein Teil der Bauernschaft hatte sich ihr angeschlossen, und viele Adelige, die auf ihren eigenen Gütern selbst Großlandwirtschaft betrieben und mit Getreide, Wolle, Spiritus und Flachs handelten, hatten sich gleichfalls gegen die Regierung und für eine Repräsentativverfassung ausgesprochen, da auch sie Garantien gegen den Absolutismus, die Bürokratie und die Wiederaufrichtung des Feudalsystems benötigten. Der Plan des Königs war völlig gescheitert; er hatte kein Geld bekommen und den Einfluß der Opposition gestärkt. Die folgende Tagung der Provinzialstände selbst verlief noch unglücklicher für den König. Alle forderten sie Reformen, Erfüllung der Versprechungen von 1813 und 1815, eine Verfassung und Pressefreiheit; die diesbezüglichen Resolutionen einiger von ihnen führten eine recht respektlose Sprache, und die übellaunigen Antworten des aufgebrachten Königs machten den Schaden noch größer.

Mittlerweile steigerten sich die finanziellen Schwierigkeiten immer mehr. Durch widerrechtliche Verwendung von Mitteln, die für verschiedene Zweige der Staatsverwaltung bestimmt waren, und durch betrügerische Manipulationen mit der „Seehandlung", einem kommerziellen Unternehmen, das für Rechnung und Gefahr des Staates spekulierte und Geschäfte machte und für ihn seit langem als Makler tätig war, gelang es eine Zeitlang, den Schein zu wahren; vermehrte Ausgabe von Staatspapiergeld lieferte gleichfalls einige Mittel; und alles in allem wurde das Geheimnis recht gut gehütet. Aber diese Kunstgriffe waren bald alle erschöpft. Jetzt versuchte man es mit einem anderen Plan: der Gründung einer Bank, deren Kapital teils der Staat, teils Privataktionäre aufbringen sollten; die oberste Leitung sollte in Händen des Staates liegen, um so der Regierung die Möglichkeit zu verschaffen, auf die Bank Wechsel in hohen Beträgen zu ziehen und so die gleichen betrügerischen Manipulationen zu wiederholen, die mit der „Seehandlung" nicht länger tunlich waren. Aber natürlich waren keine Kapitalisten zu finden, die ihr Geld unter solchen Bedingungen hergeben wollten; die Statuten der Bank mußten geändert und das Eigentum der Aktionäre gegen jeden Zugriff des Fiskus gesichert werden, ehe Aktien gezeichnet wurden. Nachdem dieser Plan gescheitert war, blieb somit nichts anderes übrig, als es mit einer Anleihe zu versuchen — wenn Kapitalisten zu finden waren, die ihr Geld herliehen, ohne die Bewilligung und Garantie jener geheimnisvollen „künftigen Volksvertretung" zu verlangen. Man wandte sich an Rothschild, und der erklärte, wenn diese „Volksvertretung" die Anleihe garantiere, übernehme er sie auf der Stelle; wenn nicht, wolle er mit dem Geschäft nichts zu tun haben.

Somit war jede Hoffnung, Geld zu erhalten, geschwunden, und es bestand keine Möglichkeit, der fatalen „Volksvertretung" zu entrinnen. Rothschilds Absage wurde im Herbst 1846 bekannt, und im Februar des nächsten Jahres berief der König alle acht Provinziallandtage nach Berlin, um aus ihnen einen „Vereinigten Landtag" zu bilden. Diesem Landtag sollte die Aufgabe zufallen, die in dem Gesetz von 1820 für den Notfall vorgesehen war; er sollte Anleihen bewilligen und Steuern erhöhen, darüber hinaus aber keine Befugnisse haben. An der Gesetzgebung im allgemeinen sollte er nur beratend mitwirken; zusammentreten sollte er nicht in regelmäßigen Zeitabständen, sondern nur, wenn der König es für gut befand; Debatten sollten nur über Fragen zulässig sein, die ihm die Regierung vorzulegen geruhte. Natürlich waren die Mitglieder von der ihnen zugedachten Rolle recht wenig erbaut. Sie wiederholten ihre bereits in den Provinzialständen geäußerten Wünsche; die Beziehungen zwischen ihnen und der Regierung spitzten sich bald heftig zu, und als man von ihnen die wieder mit der angeblichen Notwendigkeit von Bahnbauten begründete Anleihe forderte, lehnten sie die Bewilligung abermals ab.

Diese Abstimmung bereitete ihrer Tagung sehr bald ein Ende. Der König, immer mehr erbittert, schickte sie mit einem Tadel nach Hause, blieb aber nach wie vor ohne Geld. Und in der Tat, er hatte alle Ursache, über seine Lage beunruhigt zu sein, wenn er sah, daß die liberale Partei, die unter Führung der Bourgeoisie stand, einen großen Teil des niederen Adels und alle die vielerlei Mißvergnügten umfaßte, die sich in den verschiedenen Teilen der unteren Schichten angesammelt — daß die liberale Partei entschlossen war, ihre Forderungen durchzusetzen. Vergeblich hatte der König in seiner Eröffnungsrede erklärt, er werde niemals, niemals eine Verfassung im modernen Sinne des Wortes gewähren; die liberale Partei bestand auf einer solchen modernen, antifeudalen Repräsentativverfassung mit allen ihren Konsequenzen: Pressefreiheit, Schwurgerichte usw. Und bevor sie die nicht erhielt — nicht einen Groschen würde sie bewilligen. Eines war klar; lange konnten die Dinge auf diese Art nicht weitergehen; entweder mußte eine der beiden Seiten nachgeben, oder es mußte zum Bruch, zum blutigen Kampfe kommen. Und die Bourgeoisie wußte, daß sie am Vorabend einer Revolution stand, und bereitete sich darauf vor. Sie war auf jede erdenkliche Weise bemüht, sich die Unterstützung der Arbeiterschaft in den Städten und der Bauernschaft auf dem Lande zu verschaffen, und bekanntlich gab es gegen Ende des Jahres 1847 kaum einen einzigen namhaften Politiker in der Bourgeoisie, der sich nicht als „Sozialisten" ausgab, um sich die Sympathien des Proletariats zu sichern. Wir werden diese „Sozialisten" bald am Werke sehen.

Der Eifer, mit dem sich die tonangebende Bourgeoisie wenigstens äußerlich den Anschein des Sozialismus gab, war die Folge einer großen Veränderung, die in der Arbeiterklasse in Deutschland vor sich gegangen war. Ein Teil der deutschen Arbeiter hatte seit 1840 auf Wanderschaft in Frankreich und der Schweiz mehr oder minder die unausgereiften sozialistischen und kommunistischen Ideen in sich aufgenommen, die damals unter den französischen Arbeitern im Schwange waren. Die zunehmende Beachtung, die derlei Ideen seit 1840 in Frankreich gezollt wurde, brachten Sozialismus und Kommunismus auch in Deutschland in Mode, und seit 1843 waren alle Zeitungen voll von Erörterungen über soziale Fragen. Sehr bald bildete sich in Deutschland eine Schule von Sozialisten, die sich mehr durch die Unklarheit als durch die Neuheit ihrer Ideen auszeichnete. Ihre Tätigkeit bestand hauptsächlich darin, die Lehren von Fourier, Saint-Simon und anderen Franzosen in die abstruse Sprache der deutschen Philosophie zu übertragen. Die deutsche kommunistische Schule, die grundverschieden ist von dieser Sekte, bildete sich ungefähr um dieselbe Zeit.

1844 kam es zu den Aufständen der schlesischen Weber, gefolgt von der Erhebung der Kattundrucker in Prag. Diese Unruhen, die blutig unterdrückt wurden, Erhebungen von Arbeitern, die sich nicht gegen die Regierung, sondern gegen die Unternehmer richteten, machten tiefen Eindruck und gaben der sozialistischen und kommunistischen Propaganda unter den Arbeitern neuen Antrieb. Die gleiche

Wirkung hatten die Brotkrawalle im Hungerjahr 1847. Kurz, ebenso wie die konstitutionelle Opposition die große Masse der besitzenden Klassen (mit Ausnahme der feudalen Großgrundbesitzer) um ihr Banner scharte, so erwartete die Arbeiterklasse der größeren Städte ihr Heil von den sozialistischen und kommunistischen Lehren, obgleich man ihr unter der Herrschaft der damaligen Pressegesetze nur sehr wenig darüber mitteilen konnte. Sonderlich klare Vorstellungen über ihre Ziele durfte man von den Arbeitern allerdings nicht erwarten; sie wußten nur, daß das Programm der konstitutionellen Bourgeoisie nicht alles enthielt, was sie brauchten, und daß ihre Bedürfnisse in dem konstitutionellen Ideenkreis überhaupt nicht berücksichtigt waren.

Eine besondere republikanische Partei gab es damals nicht in Deutschland. Die Leute waren entweder konstitutionelle Monarchisten oder mehr oder weniger ausgesprochene Sozialisten oder Kommunisten.

Unter solchen Voraussetzungen mußte der geringste Zusammenstoß zu einer großen Revolution führen. Während der Hochadel und die älteren Beamten und Offiziere die einzig sichere Stütze der bestehenden Ordnung bildeten; während der niedere Adel, die gewerbetreibenden Mittelklassen, die Universitäten, das Lehrpersonal aller Stufen und selbst die unteren Rangklassen der Bürokratie und des Offizierkorps sich alle gegen die Regierung zusammenschlossen; während hinter ihnen die unzufriedenen Massen der Bauernschaft und des großstädtischen Proletariats standen, die zwar vorläufig noch die liberale Opposition unterstützten, aber bereits befremdliche Andeutungen laut werden ließen von der Absicht, die Dinge selbst in die Hand zu nehmen; während die Bourgeoisie sich anschickte, die Regierung zu stürzen, und das Proletariat Vorbereitungen traf, seinerseits die Bourgeoisie zu stürzen — währenddessen verfolgte die Regierung halsstarrig einen Kurs, der zu einem Zusammenstoß führen mußte. Deutschland befand sich zu Beginn des Jahres 1848 am Vorabend einer Revolution, und diese Revolution wäre bestimmt gekommen, auch wenn ihr Ausbruch nicht durch die französische Februarrevolution beschleunigt worden wäre.

Welche Wirkungen diese Pariser Revolution auf Deutschland hatte, werden wir in unserm nächsten Artikel sehen.

(Erschienen in der „New York Daily Tribune" vom 28. Oktober 1851.)

III

Die übrigen deutschen Staaten

London, September 1851

In unserm letzten Artikel haben wir uns fast ausschließlich auf den Staat beschränkt, der während der Jahre 1840 bis 1848 die weitaus größte Bedeutung für die Bewegung in Deutschland hatte, nämlich auf Preußen. Wir müssen jetzt aber einen raschen Blick auf die übrigen deutschen Staaten während des gleichen Zeitraums werfen.

Die Kleinstaaten waren seit der revolutionären Bewegung von 1830 vollständig unter die Diktatur des Bundestags, d. h. Österreichs und Preußens, geraten. Die verschiedenen Verfassungen, die ebensosehr zum Schutz vor den Diktaten der größeren Staaten erlassen waren wie zu dem Zweck, den Fürsten, die sie erließen, Popularität zu verschaffen und den durch den Wiener Kongreß ohne jeglichen leitenden Grundgedanken bunt zusammengewürfelten Landesteilen einheitliches Gepräge zu geben — diese Verfassungen hatten sich, so illusorisch sie auch waren, in den unruhigen Zeiten von 1830 und 1831 doch als eine Gefahr für die Autorität der kleinen Fürsten selbst erwiesen. Sie wurden daher fast völlig beseitigt; der Rest, den man bestehen ließ, führte kaum noch ein Schattendasein, und es gehörte die geschwätzige Selbstgefälligkeit eines Welcker, Rotteck und Dahlmann dazu, um sich einzubilden, die mit entwürdigender Kriecherei vermischte untertänige Opposition, die sie in den ohnmächtigen Kammern der Kleinstaaten an den Tag legen durften, könne vielleicht irgendwelche Ergebnisse zeitigen.

Der energischere Teil der Mittelklasse in diesen Kleinstaaten gab sehr bald nach 1840 alle Hoffnungen auf, die er früher auf die Entfaltung eines parlamentarischen Regimes in diesen Anhängseln Österreichs und Preußens gesetzt. Kaum hatten die preußische Bourgeoisie und die mit ihr verbündeten Klassen sich ernstlich entschlossen gezeigt, den Kampf für ein parlamentarisches Regime in Preußen aufzunehmen, da überließ man ihnen auch schon die Führung der konstitutionellen Bewegung im ganzen nichtösterreichischen Deutschland. Es ist eine jetzt wohl kaum mehr bestrittene Tatsache, daß der Kern jener mitteldeutschen Konstitutionalisten, die später aus der Frankfurter Nationalversammlung ausschieden und nach dem Ort, wo sie ihre gesonderten Sitzungen abhielten, die Gothaer genannt wurden, lange vor 1848 einen Plan erwog, den sie 1849 mit geringen Abänderungen den Vertretern ganz Deutschlands vorlegten. Sie beabsichtigten den völligen Ausschluß Österreichs aus dem Deutschen Bund, die Gründung eines neuen Bundes mit einem neuen Grundgesetz und mit einem Bundesparlament unter dem Schutze Preußens sowie die Einverleibung der weniger bedeutenden Staaten in die größeren. Das alles sollte durchgeführt werden, sobald Preußen in die Reihe der konstitutionellen Monarchien eintrat, die Pressefreiheit herstellte, zu einer von Rußland und Österreich unabhängigen Politik überging und so den Konstitutionalisten der kleineren Staaten die Möglichkeit verschaffte, eine wirkliche Kontrolle über ihre Regierungen auszuüben. Der Erfinder dieses Plans war Professor Gervinus in Heidelberg (Baden). Die Emanzipation der preußischen Bourgeoisie sollte also das Signal sein für ihre Emanzipation in ganz Deutschland und für den Abschluß eines Schutz- und Trutzbündnisses gegen Rußland wie gegen Österreich; denn Österreich wurde, wie wir gleich sehen werden, als ein ganz barbarisches Land betrachtet, über das man nur sehr wenig wußte, und dieses Wenige war nicht eben schmeichelhaft für seine Bewohner; Österreich galt daher nicht als wesentlicher Bestandteil Deutschlands.

Die anderen Gesellschaftsklassen in den kleineren Staaten traten, die einen schneller, die anderen langsamer, in die Fußtapfen ihrer Klassengenossen in Preußen. Die Kleinbürger wurden immer unzufriedener mit ihren Regierungen, mit dem Anwachsen der Steuerlast, mit der Beschränkung jener politischen Scheinrechte, auf die sie so stolz zu sein pflegten, wenn sie sich mit den „Sklaven des Despotismus" in Österreich und Preußen verglichen; aber einstweilen fehlte ihrer Opposition noch jeder bestimmte Inhalt, der ihr das Gepräge einer sich von dem Konstitutionalismus der bürgerlichen Oberschicht unterscheidenden selbständigen Partei verleihen konnte. Auch in der Bauernschaft war die Unzufriedenheit im Ansteigen, aber bekanntlich bringt dieser Teil des Volkes in ruhigen, friedlichen Zeiten seine Interessen niemals zur Geltung und tritt niemals als selbständige Klasse auf, außer in Ländern, wo das allgemeine Wahlrecht besteht. Die werktätige Klasse der Handwerker und Industriearbeiter in den Städten begannen mit dem „Gift" des Sozialismus und Kommunismus verseucht zu werden; da es aber außerhalb Preußens nur wenig einigermaßen bedeutende Städte und noch weniger Industriebezirke gab, machte die Bewegung dieser Klasse infolge des Mangels an Aktions- und Propagandazentren äußerst langsame Fortschritte in den kleineren Staaten.

Sowohl in Preußen wie in den kleineren Staaten erzeugten die Schwierigkeiten, die der Entfaltung einer politischen Opposition im Wege standen, eine Art religiöse Opposition in Gestalt der nebeneinanderherlaufenden Bewegungen des Deutschkatholizismus und der Freien Gemeinden. Die Geschichte liefert uns zahlreiche Beispiele, daß in Ländern, die sich der Segnungen einer Staatskirche erfreuen und in denen die politische Diskussion unterbunden ist, die gefährliche profane Opposition gegen die weltliche Macht sich unter der Maske eines höhere Weihe tragenden und dem Anschein nach selbstloseren Kampfes gegen Geistesknechtung verbirgt. So manche Regierung, die keinerlei Erörterung ihrer Handlungen duldet, wird es sich gründlich überlegen, bevor sie Märtyrer schafft und den religiösen Fanatismus der Massen wachruft. So galten 1845 in allen deutschen Staaten entweder die römisch-katholische oder die protestantische Religion oder beide gleichzeitig als wesentlicher Bestandteil des im Lande herrschenden Rechts. Und ebenso bildete in allen Staaten der Klerus des einen dieser Bekenntnisse oder beider einen wesentlichen Bestandteil des bürokratischen Staatsapparats. Ein Angriff auf die protestantische oder katholische Orthodoxie, ein Angriff auf die Geistlichkeit bedeutete also einen versteckten Angriff auf die Regierung selbst. Was die Deutschkatholiken anbelangt, so war schon die bloße Tatsache ihrer Existenz ein Angriff auf die katholischen Regierungen Deutschlands, besonders auf die Österreichs und Bayerns; und so wurde es von diesen Regierungen auch aufgefaßt. Die Freigemeindler, protestantische Dissidenten, die eine gewisse Ähnlichkeit mit den englischen und amerikanischen Unitariern aufweisen, machten keinen Hehl aus ihrer Gegnerschaft gegen die klerikalen, streng orthodoxen Tendenzen des Königs von Preußen und seines Günstlings, des Kultusministers Eichhorn. Die beiden neuen Sekten, die vorübergehend rasche Verbreitung fanden, die eine in katholischen, die andere in protestantischen Gegenden, unterschieden sich nur durch ihren verschiedenen Ursprung; was ihre Lehren betrifft, so stimmten sie in dem wichtigsten Punkt überein: daß jede dogmatische Festlegung von Übel sei. Dieser Mangel an Bestimmtheit bildete den Kern ihres

Wesens; sie behaupteten von sich, jenen großen Tempel zu errichten, unter dessen Dach sich alle Deutschen zusammenfinden könnten; sie repräsentierten also in religiöser Form eine andere politische Idee jener Tage, die Idee der deutschen Einheit, und konnten doch selbst nie miteinander einig werden.

Die Idee der deutschen Einheit, die die eben erwähnten Sekten wenigstens auf religiösem Gebiet zu verwirklichen suchten, indem sie eine gemeinsame Religion für alle Deutschen ausdachten, die eigens auf ihre Bedürfnisse, ihre Gewohnheiten und ihren Geschmack zugeschnitten war — diese Idee war in der Tat weit verbreitet, besonders in den kleineren Staaten. Seit dem durch Napoleon herbeigeführten Zerfall des Deutschen Reiches[1] war der Ruf nach Vereinigung all der disjecta membra [zerstreuten Glieder] des deutschen Volkskörpers der allgemeinste Ausdruck der Unzufriedenheit mit den herrschenden Zuständen gewesen, und zwar am meisten in den kleineren Staaten, wo der Aufwand für den Hof, die Staatsverwaltung, das Heer, kurz, die Steuerlast in direktem Verhältnis zur Kleinheit und Ohnmacht des Staates wuchs. Wie diese deutsche Einheit aber in der Wirklichkeit aussehen sollte, das war eine Frage, über die die Meinungen der Parteien auseinandergingen. Die Bourgeoisie, die keine gefährlichen revolutionären Erschütterungen wünschte, wäre mit einer Lösung zufrieden gewesen, die sie, wie wir gesehen, für „praktikabel" hielt, nämlich mit einem Bund, der mit Ausnahme Österreichs ganz Deutschland umfaßte, unter Vorherrschaft eines konstitutionell regierten Preußen; und sicher war, ohne bedrohliche Stürme heraufzubeschwören, zu jener Zeit etwas anderes nicht zu erreichen. Das Kleinbürgertum und die Bauernschaft, soweit sich diese überhaupt um dergleichen Dinge kümmerte, gelangten nie zu einer Definition jener deutschen Einheit, die sie so lärmend forderten; einige wenige Träumer, in ihrer Mehrzahl feudale Reaktionäre, erhofften die Wiederaufrichtung des Deutschen Reiches; ein paar unwissende soi-disant [sozusagen] Radikale, voll Bewunderung für die Einrichtungen der Schweiz, mit denen sie noch nicht jene praktische

---

[1] Das alte im Jahre 962 gegründete „Deutsche Reich" oder „Heilige Römische Reich Deutscher Nation" bestand formell bis zum Jahre 1806; es fiel auseinander, als Napoleon I. Österreich und Preußen besiegte, über 100 deutsche Kleinstaaten beseitigte und einen großen Teil des Reiches unter seine Herrschaft brachte. *Die Red.*

Bekanntschaft gemacht, die sie später so lächerlich enttäuschte, erklärten sich für eine föderative Republik; und nur die extremste Partei[1] wagte es damals, für die eine und unteilbare deutsche Republik einzutreten. So war die deutsche Einheit selbst eine Frage, die Uneinigkeit, Zwietracht und unter Umständen sogar Bürgerkrieg in ihrem Schoße barg.

Um es kurz zusammenzufassen, war der Zustand Preußens und der kleineren deutschen Staaten zu Ende des Jahres 1847 folgender: Die Bourgeoisie, im Bewußtsein ihrer Kraft, entschlossen, nicht länger die Fesseln zu tragen, mit denen ein feudaler und bürokratischer Despotismus ihre Handelsgeschäfte, ihre industrielle Leistungsfähigkeit, ihr gemeinschaftliches Auftreten als Klasse einengte; ein Teil des Grundbesitzeradels, derart in reine Warenproduzenten verwandelt, daß er die gleichen Interessen wie die Bourgeoisie hatte und mit ihr gemeinsame Sache machte; das Kleinbürgertum, unzufrieden, murrend über die Steuern, über die Hindernisse, die seiner geschäftlichen Tätigkeit in den Weg gelegt wurden, aber ohne bestimmtes Reformprogramm, das seine Stellung in Staat und Gesellschaft zu sichern imstande war; die Bauernschaft, bedrückt hier durch feudale Lasten, dort durch Geldverleiher, Wucherer und Advokaten; das arbeitende Volk in den Städten, ebenfalls erfaßt von der allgemeinen Unzufriedenheit, in gleicher Weise die Regierung wie die kapitalistischen Großindustriellen hassend und immer mehr durch sozialistische und kommunistische Ideen angesteckt; kurz, eine heterogene oppositionelle Masse, von den verschiedensten Interessen getrieben, aber mehr oder minder unter Führung der Bourgeoisie, in deren vorderster Reihe wiederum die preußische Bourgeoisie marschierte, namentlich die der Rheinprovinz. Auf der andern Seite Regierungen, die in vieler Hinsicht uneinig waren, voll Mißtrauen gegeneinander, besonders aber gegenüber der preußischen Regierung, auf deren Schutz sie doch angewiesen waren; in Preußen eine Regierung, aufgegeben von der öffentlichen Meinung, aufgegeben sogar von einem Teil des Adels, gestützt auf ein Heer und eine Beamtenschaft, die von Tag zu Tag mehr mit den Ideen der oppositionellen Bourgeoisie verseucht und von ihrem Einfluß erfaßt wurden — eine Regierung zu alledem,

---

[1] Gemeint sind die Kommunisten unter Führung von Marx und die unter ihrem Einfluß stehenden radikalen Elemente der demokratischen Partei, hauptsächlich in der Rheinprovinz. *Die Red.*

ohne einen Pfennig Geld im buchstäblichen Sinne des Wortes und nicht in der Lage, auch nur einen Groschen zur Deckung ihres wachsenden Defizits aufzutreiben, ohne sich auf Gnade und Ungnade der oppositionellen Bourgeoisie auszuliefern. Befand sich die Bourgeoisie irgendeines Landes jemals in einer glänzenderen Position bei ihrem Kampf um die Macht gegen die bestehende Regierung?

(Erschienen in der „New York Daily Tribune" vom 6. November 1851.)

IV

Österreich

London, September 1851

Wir müssen uns jetzt mit Österreich befassen, jenem Land, das bis zum März 1848 in den Augen anderer Völker fast ebensosehr ein Buch mit sieben Siegeln war, wie China vor dem letzten Kriege mit England.

Natürlich können wir uns hier nur mit Deutschösterreich befassen. Die Angelegenheiten der Polen, Ungarn oder Italiener in Österreich gehören nicht zu unserem Thema, und soweit sie seit 1848 das Schicksal der Deutschösterreicher beeinflußt haben, werden wir später darauf zu sprechen kommen müssen.

Die Regierung des Fürsten Metternich drehte sich um zwei Angelpunkte: erstens suchte sie jede einzelne der verschiedenen Nationen, die unter österreichischer Herrschaft standen, durch alle übrigen Nationen, die sich in gleicher Lage befanden, in Schach zu halten; zweitens, und das war immer das Grundprinzip absoluter Monarchien, stützte sie sich auf zwei Klassen, die feudalen Grundherren und die Börsenfürsten; gleichzeitig aber spielte sie den Einfluß und die Macht dieser beiden Klassen gegeneinander aus, daß die Regierung selbst volle Handlungsfreiheit behielt. Der Grundbesitzeradel, dessen ganzes Einkommen aus den verschiedensten feudalen Revenuen bestand, konnte nicht umhin, eine Regierung zu unterstützen, die seinen einzigen Schutz gegen jene niedergetretene Klasse von Leibeigenen bildete, von deren Ausplünderung er lebte; und wenn die weniger begüterten Adeligen, wie 1846 in Galizien, sich einmal zur Opposition gegen die Regierung aufrafften, ließ Metternich im Nu ebendiese Leibeigenen gegen sie los, die auf jeden Fall die Gelegenheit benützten, um an denen, die sie unmittelbar bedrückten, furchtbare Rache zu üben. Die großkapitalistischen Börsenspekulanten waren ihrerseits durch die Riesenbeträge, die der Staat ihnen schuldete, an die Regierung Metternich gekettet. Österreich, das 1815 seine volle Macht wiedererlangt, seit 1820 die absolute Monarchie in Italien wiederhergestellt und sich durch den Bankrott von 1810 eines Teils seiner Verbindlichkeiten entledigt hatte, war nach Abschluß des Friedens auf den großen europäischen Geldmärkten sehr bald wieder kreditfähig geworden und hatte in dem Maße, wie sein Kredit stieg, neue Schulden aufgenommen. So hatten alle großen Geldmänner Europas erhebliche Teile ihres Kapitals in österreichischen Staatspapieren angelegt; sie waren daher alle an der Aufrechterhaltung des Kredits dieses Landes interessiert, und da die Aufrechterhaltung des österreichischen Staatskredits immer neue Anleihen erforderte, sahen sie sich gezwungen, von Zeit zu Zeit neues Kapital vorzustrecken, um den Kurs der schon früher von ihnen erworbenen Staatspapiere zu stützen. Der lang dauernde Friede nach 1815 und die anscheinende Unmöglichkeit, ein tausend Jahre altes Reich wie Österreich umzustürzen, steigerten den Kredit der Metternich-Regierung in erstaunlichem Maße und machten sie sogar von der Gunst der Wiener Bankiers und Börsenspekulanten unabhängig; denn solange Metternich reichlich Geld in Frankfurt und Amsterdam bekommen konnte, hatte er natürlich die Genugtuung, die österreichischen Kapitalisten zu seinen Füßen zu sehen. Übrigens waren sie auch in jeder anderen Hinsicht in seiner Gewalt; die großen Profite, die Bankiers, Börsenspekulanten und Staatslieferanten immer aus einer absoluten Monarchie zu ziehen verstehen, wurden wettgemacht durch die fast schrankenlose Gewalt, die die Regierung über ihre Person und ihr Vermögen besaß; daher war von dieser Seite auch nicht die leiseste Spur einer Opposition zu erwarten. Auf diese Art war Metternich der Unterstützung der beiden mächtigsten, einflußreichsten Klassen des Reiches sicher, und obendrein verfügte er über eine Armee und eine Bürokratie, wie sie für die Zwecke des Absolutismus nicht besser geeignet sein konnten. Die Beamten und Offiziere in österreichischen Diensten sind eine Gattung für sich; ihre Väter haben schon dem Kaiser gedient und ihre Söhne werden desgleichen tun; sie gehören

47

keiner der mannigfaltigen Nationen an, die unter den Schwingen des Doppeladlers vereinigt sind; sie werden und wurden von jeher von einem Ende des Reiches zum andern versetzt, von Polen nach Italien, von Deutschland nach Transsylvanien; der Ungar, der Pole, der Deutsche, der Rumäne, der Italiener, der Kroate, kurz jegliches Individuum, das nicht mit „kaiserlicher und königlicher" Autorität etc. abgestempelt ist, das nationalen Sondercharakter trägt, wird von ihnen in gleicher Weise verachtet; sie haben keine Nationalität, oder vielmehr: sie allein bilden die wirkliche österreichische Nation. Es ist klar, welch geschmeidiges und zu gleicher Zeit wirksames Instrument eine solche zivile und militärische Hierarchie in den Händen eines intelligenten, energischen Staatslenkers bilden mußte.

Was die übrigen Klassen der Bevölkerung betrifft, so machte sich Metternich, ganz im Geiste eines Staatsmanns des ancien régime [alten Regimes], wenig aus ihrer Unterstützung. Ihnen gegenüber kannte er nur eine Politik: so viel wie möglich in Form von Steuern aus ihnen herauszupressen und sie gleichzeitig ruhig zu erhalten. Die Handels- und Industriebourgeoisie entwickelte sich in Österreich nur langsam. Der Donauhandel war verhältnismäßig unbedeutend; das Land besaß nur einen Seehafen, Triest, und der Handel dieses Hafens war sehr beschränkt. Die Industriellen erfreuten sich weitgehenden Schutzes, der in den meisten Fällen bis zu völligem Ausschluß jeglichen ausländischen Wettbewerbs ging; aber diese Vorzugsstellung war ihnen hauptsächlich im Hinblick auf die Steigerung ihrer Steuerkraft eingeräumt worden und wurde weitgehend aufgewogen durch innere Beschränkungen der Industrie, durch Privilegien der Zünfte und anderen feudalen Korporationen, die ängstlich aufrechterhalten wurden, solange sie nicht den Zwecken und Absichten der Regierung im Wege standen. Die kleinen Handwerker waren eingezwängt in die engen Schranken dieser mittelalterlichen Zünfte, die einen ewigen Kampf der verschiedenen Gewerbezweige untereinander um ihre Privilegien im Gange hielten und dadurch, daß sie Angehörigen der Arbeiterklasse die Möglichkeit sozialen Aufstiegs fast völlig versperrten, den Mitgliedern dieser Zwangsvereinigungen eine Art erblicher Stabilität verliehen. Die Bauern und Arbeiter endlich wurden als bloße Steuerobjekte behandelt, und man kümmerte sich um sie nur, um die Lebensbedingungen, unter denen sie gerade existierten und unter denen bereits ihre Väter existiert hatten, soweit als möglich aufrechtzuerhalten. Zu diesem Zweck wurde jede alt eingebürgerte, erblich überkommene Autorität in der gleichen Weise hochgehalten wie die Autorität des Staates: die Autorität des Grundherrn über den kleinen Bodenpächter, des Fabrikanten über den Fabrikarbeiter, des kleinen Handwerksmeisters über den Gesellen und Lehrjungen, des Vaters über den Sohn wurde von der Regierung allenthalben strengstens gewahrt, und jede Art von Unbotmäßigkeit wurde ebenso geahndet wie eine Gesetzesübertretung, mit dem Universalwerkzeug der österreichischen Justiz — dem Stock.

Schließlich, um alle diese Bemühungen zur Schaffung einer künstlichen Stabilität in ein allumfassendes System zu bringen, wurde die dem Volke erlaubte geistige Nahrung mit der peinlichsten Sorgfalt ausgewählt und ihm in den denkbar kärglichsten Dosen zugemessen. Die Erziehung lag überall in den Händen der katholischen Geistlichkeit, deren Spitzen genau so wie die großen feudalen Grundherren an der Erhaltung des bestehenden Systems aufs stärkste interessiert waren. Die Universitäten waren derart organisiert, daß sie nur Spezialisten hervorbringen konnten, die allenfalls auf einzelnen Sondergebieten der Wissenschaft Ersprießliches leisten mochten, daß sie aber auf keinen Fall jene vorurteilslose Allgemeinbildung vermitteln konnten, die man sonst von Universitäten erwartet. Zeitungen gab es überhaupt nicht, außer in Ungarn, und die ungarischen Blätter waren in allen anderen Teilen der Monarchie verboten. Was die Literatur im allgemeinen anbelangt, so hatte sich ihr Bereich im Laufe eines Jahrhunderts nicht erweitert; nach dem Tode Josephs II. war er sogar wieder enger geworden. Und überall an der Grenze, wo immer die österreichischen Staaten an ein zivilisiertes Land stießen, war in Verbindung mit dem Kordon von Zollbeamten ein Kordon von Literaturzensoren errichtet, die kein ausländisches Buch, keine ausländische Zeitung nach Österreich hineinließen, bevor sein Inhalt nicht zwei- oder dreimal gründlich geprüft und völlig frei selbst von der leisesten Befleckung durch den verruchten Geist des Jahrhunderts befunden war.

Ungefähr dreißig Jahre lang nach 1815 wirkte dieses System mit erstaunlichem Erfolg. Österreich blieb für Europa beinahe unbekannt, und ebenso wenig wußte man von Europa in Österreich. Der soziale Zustand der einzelnen Klassen des Volkes und des Volkes in seiner Gesamtheit hatte scheinbar nicht die geringste Veränderung erfahren.

Was auch an Feindseligkeit zwischen den Klassen vorhanden sein mochte — und das Vorhandensein dieser Feindseligkeit war eine der Hauptbedingungen des Metternichschen Regimes, das ihn sogar förderte, indem es die höheren Klassen bei allen drückenden staatlichen Maßnahmen als Werkzeug benutzte und dadurch den Haß auf sie ablenkte —, wie sehr das Volk auch die unteren Staatsbeamten hassen mochte: mit der Zentralregierung war man alles in allem so ziemlich zufrieden. Der Kaiser wurde angebetet, und die Tatsachen schienen dem alten Franz I. recht zu geben, wenn er die ihm selbst aufgestiegenen Zweifel über die Dauerhaftigkeit des Systems mit der gemütlichen Bemerkung abtat: „Immerhin, mich und den Metternich halt's noch aus."

Und doch ging unter der Oberfläche eine langsame Bewegung vor sich, die alle Bemühungen Metternichs zuschanden machte. Der Reichtum und Einfluß der Industrie- und Handelsbourgeoisie nahmen zu. Die Einführung von Maschinerie und Dampfkraft in die Industrie wälzte in Österreich, wie überall, die alten Verhältnisse und Lebensbedingungen ganzer Gesellschaftsklassen vollständig um; sie verwandelte Fronbauern in freie Männer, kleine Landwirte in Fabrikarbeiter; sie untergrub die alten feudalen Handwerkerzünfte und raubte vielen von ihnen jede Möglichkeit des Weiterbestehens. Die neue kommerzielle und industrielle Bevölkerung geriet überall in Widerstreit mit den alten feudalen Einrichtungen. Die Bourgeoisie, durch ihre Geschäfte immer häufiger zu Reisen ins Ausland veranlaßt, brachte von dort manch märchenhafte Kunde von den zivilisierten Ländern mit, die jenseits der kaiserlichen Zollschranken lagen; und schließlich beschleunigte der Bau von Eisenbahnen die industrielle wie die geistige Entwicklung. Zudem gab es im österreichischen Staatsgefüge selbst einen gefährlichen Bestandteil: die ungarische Feudalverfassung mit ihren parlamentarischen Verhandlungen und ihren Kämpfen der verarmten, oppositionellen Masse des Adels gegen die Regierung und deren Verbündete, die Magnaten. Preßburg, der Sitz des Reichstags, lag dicht vor den Toren Wiens. Alle diese Elemente trugen dazu bei, im städtischen Bürgertum einen Geist, wenn auch nicht gerade der Opposition — denn eine Opposition war noch nicht möglich — so doch des Mißvergnügens zu erzeugen, einen allgemeinen Wunsch nach Reformen mehr administrativer als konstitutioneller Art. Und genau wie in Preußen, schloß sich ein Teil der

Bürokratie dem Bürgertum an. In dieser erblichen Beamtenkaste waren die Traditionen Josephs II. noch unvergessen; die gebildeteren Regierungsbeamten, die bisweilen selbst mit der nur in ihrer Einbildung vorhandenen Möglichkeit von Reformen kokettierten, gaben dem fortschrittlichen, aufgeklärten Despotismus jenes Kaisers entschieden den Vorzug vor dem „väterlichen" Despotismus Metternichs. Ein Teil des ärmeren Adels schlug sich gleichfalls auf die Seite der Bourgeoisie, und was die unteren Klassen der Bevölkerung anbetrifft, die immer reichlich Grund zur Unzufriedenheit mit den Höherstehenden, wo nicht mit der Regierung hatten, so konnten sie in den meisten Fällen nicht umhin, sich den Reformwünschen der Bourgeoisie anzuschließen.

Ungefähr um diese Zeit, es mag 1843 oder 1844 gewesen sein, wurde in Deutschland ein besonderer Literaturzweig gegründet, der diesen Veränderungen entsprach. Einige österreichische Literaten, Romanschriftsteller, Literaturkritiker, schlechte Poeten, durchwegs recht mittelmäßig begabt, aber mit jener spezifischen Betriebsamkeit ausgestattet, die der jüdischen Rasse eigen ist, ließen sich in Leipzig und anderen deutschen Städten außerhalb Österreichs nieder und veröffentlichten hier, außer Reichweite Metternichs, eine Anzahl Bücher und Flugschriften über österreichische Fragen. Sie und ihre Verleger machten damit ein „Bombengeschäft". Ganz Deutschland war begierig, in die Geheimnisse der Politik von Europäisch-China eingeweiht zu werden; und die Österreicher selbst, die diese Veröffentlichungen auf dem Wege des im großen betriebenen Schmuggels über die böhmische Grenze erhielten, waren noch neugieriger. Natürlich waren die Geheimnisse, die in diesen Veröffentlichungen verraten wurden, nicht von großer Bedeutung, und die von ihren wohlmeinenden Verfassern ausgebrüteten Reformpläne trugen den Stempel einer an politische Jungfernschaft grenzenden Harmlosigkeit. Eine Verfassung und Pressefreiheit für Österreich galten als unerreichbare Dinge; administrative Reformen, Erweiterung der Rechte der Provinziallandtage, Zulassung ausländischer Bücher und Zeitungen und Milderung der Zensur — weiter gingen die untertänig ergebenen Wünsche dieser braven Österreicher kaum.

Auf jeden Fall trug die zunehmende Unmöglichkeit, den literarischen Verkehr Österreichs mit dem übrigen Deutschland, und durch Deutschland mit der übrigen Welt, zu verhindern, viel zur Bildung einer regierungsfeindlichen öffentlichen Meinung bei und machte einem Teil der Österreicher wenigstens etwas politische Information zugänglich. So wurde zu Ende des Jahres 1847 Österreich, wenn auch in geringerem Maße, von jener politischen und politisch-religiösen Agitation erfaßt, die damals in ganz Deutschland überhandnahm, und wenn ihr Umsichgreifen in Österreich auch weniger geräuschvoll vor sich ging, so fand sie doch genügend revolutionäre Elemente vor, auf die sie wirken konnte. Da war der Bauer, frondienst- oder feudalzinspflichtig, zu Boden gedrückt durch die Abgaben, die der Grundherr oder die Regierung aus ihm herauspreßte; dann der Fabrikarbeiter, durch den Polizeistock gezwungen, sich zu jeglicher Bedingung abzurackern, die der Fabrikant festzusetzen für gut befand; dann der Handwerksgeselle, dem die Zunftgesetze jede Aussicht versperrten, sich in seinem Gewerbe jemals selbständig zu machen; dann der Kaufmann, der in seinem Geschäft auf Schritt und Tritt über sinnlose Vorschriften stolperte; dann der Fabrikant, in stetem Konflikt mit den eifersüchtig über ihre Privilegien wachenden Handwerkerzünften oder mit Beamten, die, auf den eigenen Vorteil erpicht, in alles ihre Nase steckten; dann der Lehrer, der Gelehrte, der Beamte mit höherer Bildung, in vergeblichem Kampf mit einer unwissenden, anmaßenden Geistlichkeit oder mit stupiden, herrschsüchtigen Vorgesetzten. Kurz, es gab keine einzige Klasse, die zufrieden gewesen wäre; denn die kleinen Zugeständnisse, zu denen sich die Regierung hin und wieder gezwungen sah, gingen nicht auf ihre eigenen Kosten — das hätte die Kräfte der Staatskasse überstiegen —, sondern auf Kosten des Hochadels und des Klerus; und was die großen Bankiers und Staatsgläubiger anbelangt, so waren die jüngsten Ereignisse in Italien, die wachsende Opposition des ungarischen Reichstags, der ungewohnte Geist der Unzufriedenheit und der Schrei nach Reformen, der im ganzen Reiche laut wurde, nicht dazu angetan, ihr Vertrauen in die Festigkeit und Zahlungsfähigkeit des österreichischen Staates zu stärken.

So reifte auch in Österreich langsam, aber sicher ein gewaltiger Umschwung heran, als plötzlich in Frankreich ein Ereignis eintrat, das den drohenden Sturm sogleich entfesselte und die Behauptung des alten Franz, zu seinen und Metternichs Lebzeiten werde der Bau schon noch halten, Lügen strafte.

(Erschienen in der „New York Daily Tribune" vom 7. November 1851.)

52

V

Der Wiener Märzaufstand

London, Oktober 1851

Am 24. Februar 1848 wurde Louis Philipp aus Paris verjagt und die französische Republik ausgerufen. Am folgenden 13. März stürzte das Volk von Wien die Regierung des Fürsten Metternich und zwang ihn zu schimpflicher Flucht aus dem Lande. Am 18. März griff das Volk von Berlin zu den Waffen und erlebte nach einem erbitterten, achtzehnstündigen Kampf die Genugtuung, daß der König vor ihm kapitulierte. Um dieselbe Zeit kam es auch in den Hauptstädten der kleineren Staaten Deutschlands zu mehr oder minder heftigen Ausbrüchen, und zwar überall mit dem gleichen Ergebnis. Wenn das deutsche Volk seine erste Revolution auch nicht bis zu Ende durchgeführt hat, so hat es die revolutionäre Bahn doch wenigstens wirklich betreten.

Auf die Einzelheiten der verschiedenen Erhebungen können wir hier nicht eingehen; was wir klarzulegen haben, ist ihr Charakter und die Stellung, die die verschiedenen Klassen der Bevölkerung ihnen gegenüber einnahmen.

Die Revolution in Wien wurde von dem, man kann sagen, fast einmütigen Willen der Bevölkerung getragen. Die Bourgeoisie — mit Ausnahme der Bankiers und der Börsenspekulanten —, das Kleinbürgertum, die gesamte Arbeiterschaft erhoben sich gleichzeitig wie ein Mann gegen eine Regierung, die von allen verabscheut, eine Regierung, die so allgemein verhaßt war, daß die kleine Minderheit von Adligen und Mammonsfürsten, die sie unterstützt hatten, gleich beim ersten Ansturm von der Bildfläche verschwand. Die Bourgeoisie war von Metternich in einer derartigen politischen Unwissenheit gehalten worden, daß für sie die Nachrichten aus Paris über die Herrschaft von Anarchie, Sozialismus und Terror und über bevorstehende Kämpfe zwischen der Kapitalistenklasse und der Arbeiterklasse völlig unverständlich blieben. In ihrer politischen Unschuld vermochte sie mit diesen Nachrichten entweder überhaupt keinen Sinn zu verbinden oder sie hielt sie für teuflische Erfindungen Metternichs, um sie durch Angst zum Gehorsam zu bringen. Zudem hatte sie noch niemals gesehen, daß die Arbeiter als Klasse auftraten oder sich für ihre eigenen, besonderen Klasseninteressen zum Kampf erhoben. Auf Grund ihrer bisherigen Erfahrungen konnte sie sich nicht vorstellen, daß zwischen Klassen, die eben in so herzlicher Eintracht eine allen verhaßte Regierung gestürzt hatten, irgendwelche Meinungsverschiedenheiten auftauchen könnten. Sie sah, daß die Arbeiterschaft mit ihr in allen Punkten einig war: eine Verfassung, Schwurgerichte, Freiheit der Presse usw. Sie war daher, zum mindesten im März 1848, mit Leib und Seele bei der Bewegung, und die Bewegung ihrerseits machte die Bourgeoisie sogleich zur wenigstens in der Theorie — herrschenden Klasse im Staat.

Aber es ist das Schicksal aller Revolutionen, daß das Bündnis verschiedener Klassen, das bis zu einem gewissen Grade immer die notwendige Voraussetzung jeder Revolution ist, nicht von langer Dauer sein kann. Kaum ist der Sieg über den gemeinsamen Feind errungen, da beginnen die Sieger sich in verschiedene Lager zu scheiden und die Waffen gegeneinander zu kehren. Gerade die rasche, heftige Entwicklung des Klassengegensatzes macht in alten, komplizierten gesellschaftlichen Gebilden die Revolution zu einer so mächtigen Triebkraft des sozialen und politischen Fortschritts; gerade das unaufhörliche, schnelle Emporschießen neuer Parteien, die einander in der Macht ablösen, läßt eine Nation in Zeiten so heftiger Erschütterungen in fünf Jahren eine weitere Strecke zurücklegen, als sie unter normalen Verhältnissen in einem Jahrhundert zurückgelegt hätte.

Die Revolution in Wien machte die Mittelklasse theoretisch zur herrschenden Klasse; das heißt, die der Regierung abgerungenen Zugeständnisse waren derart, daß sie, einmal in die Praxis überführt und eine Zeitlang aufrechterhalten, die Herrschaft der Mittelklasse unbedingt sichergestellt hätten. Aber in Wirklichkeit war die Herrschaft dieser Klasse keineswegs fest begründet. Durch die Schaffung einer Nationalgarde, die der Bourgeoisie und dem Kleinbürgertum Waffen in die Hand gab, erlangte diese Klasse zwar Macht und Einfluß; durch die Einsetzung eines „Sicherheitsausschusses", einer Art revolutionärer, nicht verantwortlicher Regierung, in der die Bourgeoisie das entscheidende Wort hatte, gelangte sie an die Spitze der Macht. Aber gleichzeitig wurde auch ein Teil der Arbeiter bewaffnet; sie und die Studenten hatten die Hauptlast des Kampfes getragen, soweit es einen Kampf überhaupt gegeben hatte; und die Studenten, an die 4000 Mann stark, gut bewaffnet und weit besser diszipliniert als die Nationalgarde, bildeten den Kern, die eigentliche Stärke der revolutionären Streitmacht, und sie waren keineswegs gewillt, die Rolle eines bloßen Werkzeugs in den Händen des Sicherheitsausschusses zu spielen. Wenn sie ihn auch anerkannten, ja sogar seine begeisterten Verteidiger waren, so stellten sie doch eine Art selbständige, ziemlich aufsässige Truppe dar, die in der „Aula" ihre eigenen Beratungen abhielt, eine Mittelstellung zwischen Bourgeoisie und Proletariat einnahm, durch ständige Unruhe dafür sorgte, daß die Dinge nicht wieder in den alten, gemächlichen Trott des Alltags zurückfielen und nicht selten dem Sicherheitsausschuß ihre Beschlüsse aufzwang. Die Arbeiter wiederum, die fast sämtlich Lohn und Brot verloren hatten, mußten auf Staatskosten mit öffentlichen Arbeiten beschäftigt werden, und die Mittel für diesen Zweck hatte natürlich der Geldbeutel der Steuerzahler oder die Kasse der Stadt Wien aufzubringen. Alles das mußte für die Wiener Geschäftsleute unfehlbar recht unangenehm werden. Die Fabrikbetriebe der Stadt, auf den Bedarf der reichen aristokratischen Hofhaltungen eines großen Landes berechnet, waren durch die Revolution, infolge der Flucht der Aristokratie und des Hofes naturgemäß völlig zum Stillstand gebracht; der Handel lag darnieder, und die Unruhe, die Erregung, die von den Studenten und Arbeitern unausgesetzt geschürt wurde, war gewiß nicht das geeignete Mittel, um „das Vertrauen wiederherzustellen", wie die Redensart lautete. So entwickelte sich sehr bald ein recht kühles Verhältnis zwischen der Bourgeoisie auf der einen, den unruhigen Studenten und Arbeitern auf der andern Seite, und wenn diese Kühle sich längere Zeit nicht zu offener Feindschaft auswuchs, so nur darum, weil das Ministerium, und namentlich der Hof, in ihrer Ungeduld, die alten Zustände wiederherzustellen, immer wieder den Argwohn und die stürmische Regsamkeit der entschiedener revolutionären Gruppen rechtfertigten und auch vor den Augen der Bourgeoisie immer wieder das Schreckgespenst des alten Metternichschen Despotismus aufsteigen ließen. So kam es am 15. und dann wieder am 26. Mai neuerlich zu Erhebungen aller Klassen in Wien, weil die Regierung versucht hatte, einige der neu errungenen Freiheiten anzutasten oder zu untergraben, und bei jeder dieser Gelegenheiten wurde das Bündnis zwischen der Nationalgarde, d. h. der bewaffneten Mittelklasse, den Studenten und den Arbeitern nochmals für einige Zeit zusammengeschweißt.

Was die anderen Klassen der Bevölkerung anbelangt, so waren die Aristokratie und die großen Geldleute verschwunden, und die Bauernschaft war allenthalben emsig am Werke, den Feudalismus mit Haut und Haar auszumerzen. Mit Rücksicht auf den Krieg in Italien[1] und auf die Sorgen, die Wien und Ungarn dem Hofe bereiteten, ließ man die Bauern frei gewähren, und daher gelang ihnen das Werk ihrer Befreiung in Österreich besser als in irgendeinem andern Teile Deutschlands. Der österreichische Reichstag brauchte kurz darauf nur die Schritte zu bestätigen, die die Bauernschaft praktisch bereits unternommen, und was die Regierung des Fürsten Schwarzenberg sonst auch wiederherzustellen imstande sein mag, so wird es doch niemals in ihrer Macht stehen, die feudale Fronknechtschaft der Bauern wieder einzuführen. Und wenn Österreich für den Augenblick wieder verhältnismäßig ruhig, ja geradezu stark ist, so hauptsächlich deshalb, weil die große Mehrheit des Volkes, die Bauern, durch die Revolution wirklich etwas gewonnen hat und weil diese handgreiflichen materiellen Vorteile, die die Bauern errangen, bei allem, was das wieder zur Macht gelangte alte Regime sonst beseitigt, bisher unangetastet geblieben sind.

(Erschienen in der „New York Daily Tribune" vom 12. November 1851.)

VI

Der Berliner Aufstand

London, Oktober 1851

Der zweite Brennpunkt der revolutionären Bewegung war Berlin. Und nach dem, was wir in unseren früheren Artikeln dargelegt haben, wird es nicht überraschen, daß diese Bewegung hier keines-

[1] Norditalien gehörte damals zur österreichischen Monarchie. Anfang 1848 brach ein Aufstand der Italiener gegen die Fremdherrschaft und zum Kampf für die Unabhängigkeit und Einheit Italiens aus, der jedoch im August 1848 von Österreich wieder unterdrückt wurde. Erst im Jahre 1870 erlangte Italien seine Selbständigkeit und Einheit. *Die Red.*

wegs jene einmütige Unterstützung fast aller Klassen fand, von der sie in Wien begleitet war. In Preußen war die Bourgeoisie bereits in wirkliche Kämpfe mit der Regierung verwickelt gewesen; das Ergebnis des „Vereinigten Landtags" war ein offener Bruch, eine bürgerliche Revolution war im Anzug, und diese Revolution hätte, wenigstens im ersten Augenblick, als sie ausbrach, genau so einmütig sein können wie die in Wien, wäre nicht die Pariser Februarrevolution gewesen. Dieses Ereignis überstürzte die ganze Entwicklung, obwohl es sich unter einem Banner vollzog, das sich von dem, in dessen Zeichen die preußische Bourgeoisie sich zur Kampfansage an ihre Regierung anschickte, völlig verschieden war. Durch die Februarrevolution wurde in Frankreich gerade die Regierungsform vernichtet, die nach dem Willen der preußischen Bourgeoisie in ihrem eigenen Lande eben errichtet werden sollte. Die Februarrevolution kündigte sich an als eine Revolution der Arbeiterklasse gegen die Bourgeoisie; sie proklamierte den Sturz der bürgerlichen Regierung und die Emanzipation der Arbeiterschaft. Nun hatte aber die preußische Bourgeoisie in letzter Zeit gerade genug Bewegungen der Arbeiterklasse im eigenen Lande gehabt. Nachdem der erste Schreck über die schlesischen Unruhen überstanden war, hatte sie sogar versucht, diese Bewegung in eine Richtung zu lenken, die ihr selbst vorteilhaft war; aber ein heilsamer Schrecken vor dem revolutionären Sozialismus und Kommunismus war ihr immerhin geblieben; und als sie daher an der Spitze der Regierung in Paris Männer sah, die sie als die gefährlichsten Feinde von Eigentum, Ordnung, Religion, Familie und der sonstigen Penaten [Hausgötter] des modernen Bourgeois betrachtete, kühlte sich ihre eigene revolutionäre Glut sofort erheblich ab. Sie wußte, daß es den Augenblick zu nutzen galt und daß sie ohne die Unterstützung der Arbeitermassen unterliegen werde; und dennoch fehlte ihr der Mut. Deshalb stellte sie sich bei den ersten vereinzelten Bewegungen in der Provinz auf die Seite der Regierung, bemühte sich, das Volk in Berlin ruhig zu erhalten, das sich fünf Tage lang in dichten Massen vor dem königlichen Schlosse drängte, um die Neuigkeiten zu erörtern und Änderungen in der Regierung zu verlangen, und als der König schließlich, auf die Nachricht vom Sturze Metternichs hin, einige geringe Zugeständnisse machte, betrachtete die Bourgeoisie die Revolution für beendet und beeilte sich, Seiner Majestät für die

Erfüllung aller Wünsche des Volkes zu danken. Aber dann folgten der Angriff des Militärs auf die Menge, die Barrikaden, der Kampf und die Niederlage des Königtums. Jetzt bekam alles ein anderes Gesicht. Gerade die Arbeiterklasse, die die Bourgeoisie im Hintergrunde zu halten bestrebt war, wurde in den Vordergrund gedrängt, sie hatte gekämpft und gesiegt und gelangte mit einem Schlag zum Bewußtsein der eigenen Kraft. Beschränkungen des Wahlrechts, der Pressefreiheit, des Rechts, Geschworener zu sein, des Versammlungsrechts — Beschränkungen, die der Bourgeoisie sehr angenehm gewesen wären, weil sie nur solche Klassen betrafen, die unter ihr standen — waren jetzt nicht länger möglich. Die Gefahr einer Wiederholung der Pariser Szenen von „Anarchie" war zu drohend. Angesichts dieser Gefahr verschwanden alle früheren Zwistigkeiten. Der siegreichen Arbeiterschaft gegenüber, mochte sie auch noch gar keine eigenen Forderungen aufgestellt haben, schlossen sich die Freunde und Feinde langer Jahre zusammen, und das Bündnis zwischen der Bourgeoisie und den Anhängern des gestürzten Systems wurde noch auf den Barrikaden von Berlin geschlossen. Die notwendigen Zugeständnisse, aber nicht mehr als unvermeidlich, sollten gemacht, ein Ministerium aus den Führern der Opposition im Vereinigten Landtag gebildet werden, und zum Dank für seine Verdienste um die Rettung der Krone sollte ihm der Beistand aller Stützen des alten Regimes, des Feudaladels, der Bürokratie, des Heeres zuteil werden. Das waren die Bedingungen, unter denen die Herren Camphausen und Hansemann die Kabinettsbildung übernahmen.

So groß war die Furcht der neuen Minister vor den erregten Massen, daß in ihren Augen jedes Mittel recht war, wenn es nur dahin zielte, die erschütterten Grundlagen der Autorität zu festigen. Diese armen betrogenen Wichte glaubten, jede Gefahr einer Wiederaufrichtung des alten Systems sei vorüber, und daher setzten sie den ganzen alten Staatsapparat in Bewegung, um die „Ordnung" wiederherzustellen. Nicht ein einziger Bürokrat oder Offizier wurde entlassen; nicht die leiseste Änderung im alten bürokratischen Verwaltungssystem vorgenommen. Diese trefflichen konstitutionellen verantwortlichen Minister setzten sogar jene Beamten wieder in ihre Stellen ein, die das Volk in der ersten Hitze des revolutionären Eifers wegen ihres früheren bürokratisch überheblichen Verhaltens davongejagt. Nichts wurde in Preußen geändert außer der Person der Minister; selbst der Beamtenstab der verschiedenen Ministerien blieb unangetastet, und der ganzen Meute der konstitutionellen Postenjäger, die den Chor der frischgebackenen Staatslenker gebildet und auf einen Anteil an Macht und Würden gerechnet, wurde bedeutet zu warten, bis die Wiederherstellung gefestigter Zustände gestatte, Veränderungen im Beamtenpersonal vorzunehmen, die im Augenblick nicht ungefährlich seien.

Der König, der nach dem Aufstand vom 18. März völlig zusammengebrochen war, kam sehr bald dahinter, daß er für diese „liberalen" Minister ebenso notwendig war, wie sie für ihn. Der Thron war von dem Aufstand verschont geblieben; der Thron war die letzte noch erhaltene Schranke gegen die „Anarchie"; die liberale Bourgeoisie und ihre Führer, die jetzt in der Regierung saßen, hatten daher alle Ursache, sich mit der Krone auf besten Fuß zu stellen. Der König und die ihn umgebende reaktionäre Kamarilla hatten das bald entdeckt und machten sich die Gelegenheit zunutze, um das Vorgehen des Ministeriums selbst bei jenen winzigen Reformen zu hemmen, zu denen es zeitweise einen Anlauf nahm.

Die erste Sorge des Ministeriums war, den jüngsten gewaltsam erzwungenen Veränderungen eine Art gesetzlichen Anstrich zu geben. Ohne Rücksicht auf den Widerspruch im ganzen Volke wurde der Vereinigte Landtag einberufen, um als das gesetz- und verfassungsmäßige Organ des Volkes ein neues Wahlgesetz für die Wahl einer Versammlung zu beschließen, die mit der Krone eine neue Verfassung vereinbaren sollte. Die Wahlen sollten indirekt sein, dergestalt, daß die Masse der Wähler eine Anzahl Wahlmänner wählte, die dann ihrerseits die Abgeordneten zu wählen hätten. Trotz aller Opposition fand dieses indirekte Wahlsystem Annahme. Der Vereinigte Landtag wurde dann um eine Anleihe von fünfundzwanzig Millionen Dollars angegangen, die gegen den Widerspruch der Volkspartei gleichfalls bewilligt wurde.

Dank diesem Vorgehen des Ministeriums nahm die Volkspartei, oder wie sie sich jetzt nannte, die Demokratische Partei, einen außerordentlich raschen Aufschwung. Diese Partei, die unter Führung der Klasse der Kleingewerbetreibenden und Kleinhändler stand und zu Beginn der Revolution auch die große Mehrheit der Arbeiterschaft um ihr Banner scharte, forderte allgemeines und direktes Wahlrecht nach französischem Muster, eine einzige gesetzgebende Versammlung und völlige, offene Anerkennung der Revolution vom 18. März als Grundlage des neuen Regierungssystems. Ihr gemäßigter Flügel wollte sich mit einer auf diese Weise „demokratisierten" Monarchie zufrieden geben, der radikalere forderte als Endziel die Errichtung der Republik. Beide Richtungen waren darin einig, daß sie die Deutsche Nationalversammlung in Frankfurt als höchste Gewalt des Landes anerkannten, während die Konstitutionalisten und Reaktionäre dieser ihrer Behauptung nach durch und durch revolutionären Körperschaft gegenüber einen heftigen Abscheu zur Schau trugen.

Die selbständige Bewegung der Arbeiterklasse hatte durch die Revolution eine zeitweise Unterbrechung erfahren. Die unmittelbaren Bedürfnisse und Umstände der Bewegung gestatteten es nicht, eine der besonderen Forderungen der proletarischen Partei in den Vordergrund zu stellen. In der Tat, solange der Boden für ein selbständiges Vorgehen der Arbeiterschaft nicht geebnet, solange das allgemeine, direkte Wahlrecht nicht eingeführt war, solange noch die sechsunddreißig größeren und kleineren Staaten bestanden, durch die Deutschland in zahllose Gebietsfetzen zerrissen wurde — was blieb da der proletarischen Partei anders übrig, als die für sie hochwichtige Bewegung in Paris aufmerksam zu verfolgen und gemeinsam mit dem Kleinbürgertum um die Erlangung jener Rechte zu kämpfen, die ihr später ermöglichen würden, ihre eigene Schlacht zu schlagen?

Es gab somit nur drei Punkte, in denen sich die proletarische Partei in ihrem politischen Auftreten von der Klasse der Kleinbürger oder, richtiger ausgedrückt, von der sogenannten demokratischen Partei wesentlich unterschied: erstens, die verschiedene Beurteilung der Vorgänge in Frankreich, insofern nämlich die Demokraten die Partei der äußersten Linken in Paris angriffen, während die proletarischen Revolutionäre sie verteidigten; zweitens, das Eintreten für die Notwendigkeit der Errichtung einer einigen, unteilbaren deutschen Republik, während selbst die Allerradikalsten unter den Demokraten nur nach einer föderativen Republik zu seufzen wagten; und drittens, jene bei jeder Gelegenheit an den Tag gelegte revolutionäre Kühnheit und Tatbereitschaft, die einer von Kleinbürgern geführten und hauptsächlich aus Kleinbürgern zusammengesetzten Partei immer fehlen wird.

Der proletarischen, der wirklich revolutionären Partei gelang es nur sehr allmählich, die Masse der Arbeiter dem Einfluß der Demokraten zu entziehen, deren Anhängsel sie bei Beginn der Revolution bildeten. Aber die Unentschlossenheit, Schwäche und Feigheit der demokratischen Führer taten zur rechten Zeit das Ihrige, und man kann heute sagen: eines der wichtigsten Ergebnisse der Erschütterungen der letzten Jahre besteht darin, daß sich die Arbeiterklasse überall, wo sie in einigermaßen beträchtlichen Massen konzentriert ist, völlig von jenem demokratischen Einfluß frei gemacht hat, der sie in den Jahren 1848 und 1849 zu einer endlosen Reihe von Fehlern und Mißerfolgen geführt hat. Doch wir greifen besser nicht vor; die Ereignisse dieser beiden Jahre werden uns reichlich Gelegenheit geben, die demokratischen Herrschaften am Werke zu sehen.

Die Bauernschaft hatte in Preußen, genau wie in Österreich — nur weniger energisch, da hier der Feudalismus alles in allem nicht ganz so schwer auf ihr lastete —, die Revolution dazu benutzt, sich mit einem Schlag aller feudalen Fesseln zu entledigen. Hier aber wandte sich die Bourgeoisie, aus den oben angeführten Gründen, sofort gegen die Bauernschaft, ihren ältesten, unentbehrlichsten Verbündeten. Die Demokraten, denen die sogenannten Angriffe auf das Privateigentum den gleichen Schrecken einjagten wie der Bourgeoisie, liehen ihnen ebenfalls keine Unterstützung; so kam es, daß der Feudalismus nach drei Monaten Emanzipation, nach blutigen Kämpfen und militärischen Exekutionen, besonders in Schlesien, durch die dem Feudalismus noch gestern feindliche Bourgeoisie wiederhergestellt wurde. Damit hat sie sich selbst das schärfste Verdammungsurteil gesprochen. Niemals im Lauf der Geschichte hat eine Partei an ihrem besten Bundesgenossen, ja an sich selbst, einen solchen Verrat verübt, und was dieser Bourgeoispartei an erniedrigenden Demütigungen noch bevorstehen mag, sie hat sie schon durch diese eine Tat vollauf verdient.

(Erschienen in der „New York Daily Tribune" vom 28. November 1851.)

VII

Die Frankfurter Nationalversammlung

London, Januar 1852

Wie unsern Lesern vielleicht noch erinnerlich ist, haben wir in den sechs vorhergehenden Artikeln die revolutionäre Bewegung in Deutschland bis zu den zwei großen Siegen verfolgt, die das Volk am 13. März in Wien und am 18. März in Berlin davontrug. Wir haben gesehen, daß in Österreich wie in Preußen konstitutionelle Regierungen errichtet und daß liberale, d. h. bourgeoise Grundsätze als Richtschnur der ganzen künftigen Politik verkündet werden; und der einzige merkliche Unterschied zwischen den beiden großen Brennpunkten der Bewegung bestand darin, daß in Preußen die liberale Bourgeoisie in Person zweier reicher Kaufleute, der Herren Camphausen und Hansemann, unmittelbar die Zügel der Macht ergriff, während in Österreich, wo die Bourgeoisie politisch weit weniger geschult war, die liberale Bürokratie in die Ämter einzog und beteuerte, die Macht als Treuhänder der Bourgeoisie auszuüben. Wir haben weiter gesehen, wie die Parteien und Gesellschaftsklassen, die bis dahin in der Opposition gegen das alte Regime alle einig gewesen, sich nach dem Siege oder sogar noch während des Kampfes entzweiten und wie dieselbe liberale Bourgeoisie, die allein aus dem Siege Nutzen zog, sofort gegen ihre Verbündeten von gestern Front machte, eine feindliche Haltung gegen jede weiter fortgeschrittene Klasse oder Partei einnahm und mit den besiegten feudalen und bürokratischen Mächten ein Bündnis schloß. In der Tat war schon bei Beginn des revolutionären Dramas deutlich erkennbar, daß die liberale Bourgeoisie sich gegen die zwar besiegten, aber nicht vernichteten feudalen und bürokratischen Elemente nur behaupten konnte, wenn sie sich auf die im Volk wurzelnden radikaleren Parteien stützte, und daß sie gegen den Ansturm dieser stärker radikalisierten Massen gleichfalls auf die Unterstützung des Feudaladels und der Bürokratie angewiesen war. Daraus ergab sich deutlich genug, daß die Bourgeoisie in Österreich und Preußen nicht genügend Kraft besaß, um sich an der Macht zu halten und die Staatseinrichtungen ihren Bedürfnissen und Auffassungen entsprechend umzugestalten. Das liberale Bourgeoisministerium war nur ein Durchgangsstadium, von dem aus das Land, je nach der Wendung, die die Dinge nehmen würden, entweder zu der höheren Stufe des republikanischen Einheitsstaates vorwärtsschreiten oder in das alte klerikal-feudale und bürokratische Regime zurückfallen mußte. Auf alle Fälle war die eigentliche Entscheidungsschlacht erst noch zu schlagen; die Märzereignisse hatten den Kampf nur eingeleitet.

Da Österreich und Preußen die beiden führenden deutschen Staaten waren, wäre jeder entscheidende revolutionäre Sieg in Wien oder Berlin für ganz Deutschland von entscheidender Bedeutung gewesen. Und so weit die Ereignisse des März 1848 in diesen beiden Städten gingen, waren sie für den Verlauf der Dinge in ganz Deutschland entscheidend. Man brauchte daher auf die Vorgänge, die sich in den kleineren Staaten abspielten, gar nicht einzugehen, und wir könnten uns sehr wohl ausschließlich auf die Betrachtung der österreichischen und preußischen Angelegenheiten beschränken, wenn das Vorhandensein dieser kleineren Staaten nicht den Anlaß zur Entstehung einer Körperschaft gebildet hätte, die durch die bloße Tatsache ihres Bestehens der schlagendste Beweis für die anormale Lage in Deutschland und für die Unvollständigkeit der jüngsten Revolution war; eine Körperschaft, so abnorm, so lächerlich schon durch die Stellung, die sie einnahm, und dabei so erfüllt von ihrer eigenen Wichtigkeit, daß die Geschichte höchstwahrscheinlich nie ein Gegenstück dazu liefern wird. Diese Körperschaft war die sogenannte *Deutsche Nationalversammlung* in Frankfurt am Main.

Nach den Siegen des Volkes in Wien und Berlin verstand es sich von selbst, daß eine Repräsentativversammlung für ganz Deutschland zusammentreten müsse. Diese Körperschaft wurde also gewählt und trat in Frankfurt neben dem alten Bundestag zusammen. Von der Deutschen Nationalversammlung erwartete das Volk, sie werde alle strittigen Fragen lösen und als höchste gesetzgebende Gewalt des ganzen Deutschen Bundes tätig sein. Dabei hatte aber der Bundestag, der sie einberufen, ihre Befugnisse in keiner Weise festgelegt. Niemand wußte, ob ihre Beschlüsse Gesetzeskraft haben oder der Bestätigung durch den Bundestag und die einzelnen Regierungen unterliegen sollten. In dieser verworrenen Lage hätte die Versammlung, wenn sie auch nur einen Funken von Energie besaß, den Bundestag — damals die bei weitem unpopulärste Körperschaft in Deutschland — ohne weiteres auflösen, nach Hause schicken und durch eine aus ihrer eigenen Mitte gewählte Bundesregierung ersetzen müssen. Sie hätte sich zum einzig gesetzlichen Ausdruck des souveränen Willens des deutschen Volkes erklären und damit jedem ihrer Beschlüsse Gesetzeskraft verleihen müssen. Sie hätte sich vor allem eine organisierte bewaffnete Macht im Lande verschaffen müssen, stark genug, um jeden Widerstand seitens der Regierungen zu brechen. Und das alles war leicht, sehr leicht in jenem Anfangsstadium der Revolution. Aber das hieß viel zuviel erwarten von einer Versammlung, die sich in ihrer Mehrheit aus liberalen Advokaten und doktrinären Professoren zusammensetzte, einer Versammlung, die zwar den Anspruch erhob, die Blüte deutschen Geistes und deutscher Wissenschaft zu verkörpern, die aber in Wirklichkeit nichts anderes war als eine Bühne, auf der alte, längst überlebte politische Figuren ihre unfreiwillige Lächerlichkeit und ihre Impotenz im Denken wie im Handeln vor den Augen ganz Deutschlands zur Schau stellten. Diese Versammlung alter Weiber hatte vom ersten Tag ihres Bestehens mehr Angst vor der geringsten Volksbewegung als vor sämtlichen reaktionären Komplotten sämtlicher deutschen Regierungen zusammengenommen. Sie hielt ihre Beratungen unter den Augen des Bundestags ab, ja, sie bettelte förmlich um die Bestätigung ihrer Beschlüsse durch den Bundestag, denn die ersten von ihr gefaßten Beschlüsse mußten durch diese verhaßte Körperschaft verkündet werden. Statt ihre eigene Souveränität zur Geltung zu bringen, ging sie der Erörterung derart gefährlicher Fragen geflissentlich aus dem Wege. Statt sich mit einer Volkswehr zu umgeben, ging sie über alle gewalttätigen Übergriffe der Regierungen zur Tagesordnung über. Mainz wurde unmittelbar vor ihrer Nase in Belagerungszustand versetzt und die dortige Bevölkerung entwaffnet[1], aber die Nationalversammlung rührte sich nicht. Später wählte sie den Erzherzog Johann von Österreich zum deutschen Reichsverweser und erklärte, alle ihre Beschlüsse sollten Gesetzeskraft haben; aber dann wurde der Erzherzog Johann in seine neue Würde erst eingesetzt, nachdem die Zustimmung

---

[1] In Mainz kam es im Mai 1848 zu einem Zusammenstoß zwischen der Bürgergarde und Soldaten der regulären Armee, der die Entwaffnung der Bürgergarde und das Verbot der demokratischen Vereine und der Arbeitervereine zur Folge hatte. Ein in der Frankfurter Versammlung von der Linken gestellter Antrag, daß das Parlament die Bestrafung der schuldigen Militärclique fordern sollte, wurde von der Mehrheit abgelehnt. *Die Red.*

aller Regierungen eingeholt war, und die Einsetzung erfolgte nicht durch die Nationalversammlung, sondern durch den Bundestag; und was die Gesetzeskraft der von der Versammlung gefaßten Beschlüsse betrifft, so wurde dieser Punkt von den größeren Regierungen niemals anerkannt und von der Nationalversammlung selbst nie nachdrücklich geltend gemacht; er blieb daher in der Schwebe. So erlebten wir das seltsame Schauspiel einer Versammlung, die den Anspruch erhob, die einzig gesetzmäßige Vertretung einer großen souveränen Nation zu sein, die aber gleichwohl nie den Willen oder die Kraft besaß, die Anerkennung ihrer Ansprüche zu erzwingen. Die Verhandlungen dieser Körperschaft blieben ohne das geringste praktische Ergebnis; sie waren nicht einmal von theoretischem Wert, da sie nur die abgedroschensten Gemeinplätze veralteter philosophischer und juristischer Schulen wiederkäuten; es gab keinen Satz, der in dieser Versammlung ausgesprochen oder, richtiger, hergestammelt wurde, der nicht längst unendlich oft und unendlich viel besser gedruckt worden wäre.

So beließ die vorgeblich neue deutsche Zentralgewalt alles beim alten. Weit davon entfernt, die lang ersehnte deutsche Einheit herbeizuführen, entthronte sie nicht einmal die allerunbedeutendsten Fürsten, die Deutschland beherrschten; sie unternahm nichts, um ein festeres einigendes Band zwischen den einzelnen Ländern zu knüpfen; sie rührte niemals auch nur einen Finger, um die Zollschranken niederzureißen, die Hannover von Preußen und Preußen von Österreich trennten; sie machte nicht einmal den leisesten Versuch, die lästigen Gebühren abzuschaffen, die allenthalben in Preußen die Binnenschiffahrt behindern. Aber je weniger die Versammlung leistete, desto voller nahm sie den Mund. Sie schuf eine deutsche Flotte — auf dem Papier; sie annektierte Polen und Schleswig; sie erlaubte Deutschösterreich, gegen Italien Krieg zu führen, während sie den Italienern verbot, den Österreichern in ihre sicheren Schlupfwinkel in Deutschland zu folgen; sie ließ die französische Republik aus voller Lungenkraft hochleben und empfing Abgesandte aus Ungarn, die sicher mit weit verworreneren Vorstellungen über Deutschland heimkehrten, als sie bei ihrer Ankunft gehabt.

Diese Versammlung war zu Beginn der Revolution das Schreckgespenst aller deutschen Regierungen gewesen. Sie hatten mit einem ausgesprochen diktatorischen, revolutionären Vorgehen der Versammlung gerechnet — gerade wegen der großen Unbestimmtheit, in der man ihre Befugnisse zu lassen für nötig befunden hatte. Die Regierungen spannen daher ein weitreichendes Netz von Intrigen, um den Einfluß dieser gefürchteten Körperschaft zu schwächen; es stellte sich jedoch heraus, daß sie mehr Glück als Verstand hatten, denn die Nationalversammlung besorgte die Geschäfte der Regierungen besser, als sie sie selbst hätten besorgen können. Zu diesen Intrigen gehörte vor allem die Einberufung lokaler gesetzgebender Versammlungen, und so beriefen denn nicht nur die kleineren Staaten Parlamente ein, sondern auch Österreich und Preußen ließen verfassunggebende Versammlungen zusammentreten. Wie im Frankfurter Abgeordnetenhaus hatten auch in diesen die liberale Bourgeoisie oder die mit ihr im Bunde stehenden liberalen Advokaten und die Bürokratie die Mehrheit, und die Dinge nahmen überall so ziemlich die gleiche Wendung; mit dem einzigen Unterschied, daß die Deutsche Nationalversammlung das Parlament eines imaginären Landes war, da sie die Aufgabe, deren Erfüllung doch ihre erste Lebensbedingung war, nämlich die Schaffung eines geeinten Deutschlands, von sich gewiesen hatte, und daß sie über die imaginären, niemals zu verwirklichenden Maßnahmen einer von ihr selbst eingesetzten imaginären Regierung Diskussionen führte und imaginäre Beschlüsse faßte, um die sich kein Mensch kümmerte. In Österreich und Preußen dagegen waren die konstituierenden Versammlungen wenigstens wirkliche Parlamente, die wirkliche Regierungen stürzten und einsetzten und mindestens eine Zeitlang den Fürsten, mit denen sie im Kampfe lagen, ihre Beschlüsse aufzwangen. Auch sie waren feige, und es fehlte ihnen an Weitblick für revolutionäre Lösungen; auch sie verrieten das Volk und legten die Macht wieder in die Hände des feudalen, bürokratischen und militärischen Despotismus zurück. Aber sie waren dabei wenigstens gezwungen, praktische Fragen von unmittelbarem Interesse zu erörtern und wie andere Menschen auf der Erde zu leben, während die Frankfurter Schwätzer niemals glücklicher waren, als wenn sie im Luftreich des Traums umherschwärmen konnten. Daher bilden die Verhandlungen der Wiener und Berliner verfassunggebenden Versammlung einen wichtigen Abschnitt der deutschen Revolutionsgeschichte, während die gequälten Ergüsse des Frankfurter Narrenhauses nur für Sammler literarischer und antiquarischer Kuriositäten Interesse bieten.

Das deutsche Volk, tief durchdrungen von der Notwendigkeit, mit der schädlichen territorialen Zerrissenheit aufzuräumen, die die Gesamtkraft der Nation zersplitterte und wirkungslos machte, erwartete von der Frankfurter Nationalversammlung eine Zeitlang wenigstens den Anbruch einer neuen Ära. Aber das kindische Gebaren dieser Gesellschaft von Neunmalweisen kühlte die Begeisterung der Nation rasch ab. Die schmachvollen Vorgänge, die durch den Waffenstillstand von Malmö (September 1848)[1] veranlaßt waren, führten zu einem Entrüstungssturm des Volkes gegen eine Körperschaft, von der man erhofft hatte, sie werde der Nation freies Feld für ihre Betätigung schaffen, und die statt dessen, getrieben von Feigheit ohnegleichen, nur die Grundlagen, auf denen das jetzige gegenrevolutionäre System sich erhebt, in ihrer alten Festigkeit wiederhergestellt hat.

(Erschienen in der „New York Daily Tribune" vom 27. Februar 1852.)

VIII

Polen, Tschechen und Deutsche[2]

London, Februar 1852

Aus dem in den vorhergehenden Artikeln Ausgeführten ist bereits klar ersichtlich, daß die Verhältnisse in Deutschland, wenn der Revolution von März 1848 nicht eine neue folgte, unvermeidlich wieder

---

[1] Der Krieg Preußens gegen Dänemark begann am 6. April 1848. Friedrich Wilhelm IV. schloß am 26. August 1848 in Malmö (Schweden) mit Dänemark einen Waffenstillstand, nach dem Schleswig-Holstein eine von Preußen und Dänemark eingesetzte vorläufige Regierung erhalten sollte und die schleswigschen von den holsteinschen Truppen getrennt werden mußten. Preußen hatte sich damit in Gegensatz zu den Absichten des Deutschen Bundes gesetzt. Die Nationalversammlung erkannte diese Waffenstillstandsbedingungen vorerst nicht an, stimmte ihnen aber doch dann am 16. September 1848 zu. Am darauffolgenden Tage protestierten 20 000 Demokraten auf der Pfingstweide bei Frankfurt am Main gegen die Nationalversammlung. *Die Red.*

[2] Die Politik von Marx und Engels in der nationalen Frage in den Jahren 1848/49 wurde von den Opportunisten aller Schattierungen oft entstellt. Für Marx und Engels war die nationale Frage keine isolierte Frage, die von anderen Fragen losgelöst werden kann. Sie haben sie stets betrachtet vom Gesichtspunkt

zu ihrem Ausgangspunkt zurückkehren mußten. Die geschichtliche Erscheinung, auf die wir einiges Licht zu werfen versuchen, ist jedoch so komplizierter Natur, daß die späteren Ereignisse ohne Berücksichtigung dessen, was man die auswärtigen Beziehungen der deutschen Revolution nennen kann, nicht klar verständlich sind. Und diese auswärtigen Beziehungen waren ebenso verwickelter Natur wie die inneren Angelegenheiten.

Die ganze östliche Hälfte Deutschlands bis zur Elbe, zur Saale und zum Böhmerwald ist bekanntlich im Verlauf der letzten tausend Jahre den slawischen Stämmen, die dort eingedrungen waren, wieder abgerungen worden. Der größere Teil dieser Gebiete wurde so gründlich germanisiert, daß die slawische Nationalität und Sprache dort seit Jahrhunderten völlig verschwunden ist; und wenn man von einigen ganz isolierten Resten absieht, die alles in allem nicht einmal hunderttausend Seelen umfassen (Kassuben in Pommern, Wenden oder Sorben in der Lausitz), so sind ihre Bewohner in jeder Beziehung Deutsche. Anders verhält es sich aber längs der ganzen Grenze des ehemaligen Polen und in den Ländern tschechischer Zunge, in Böhmen und Mähren. Hier sind die beiden Nationalitäten in jedem Bezirk gemischt, wobei die Städte in der Regel mehr oder weniger deutsch sind, während auf dem platten Lande das slawische Element vorherrscht; aber auch dort wird es infolge des ständigen

---

der Interessen der proletarischen Revolution. „Es gibt Fälle, wo die nationalen Bewegungen einzelner unterdrückter Länder mit den Interessen der Entwicklung der proletarischen Bewegung in Konflikt geraten. Es ist selbstverständlich, daß in solchen Fällen von einer Unterstützung keine Rede sein kann. Die Frage nach den Rechten der Nationen ist keine isolierte, für sich zu nehmende Frage, sondern ein Teil der allgemeinen Frage der proletarischen Revolution, der dem Ganzen untergeordnet ist und vom Standpunkt des Ganzen aus betrachtet werden muß. In den vierziger Jahren des vorigen Jahrhunderts war Marx für die nationale Bewegung der Polen und Ungarn und gegen die nationale Bewegung der Tschechen und Südslawen. Warum? Weil die Tschechen und Südslawen damals ‚reaktionäre Völker', ‚russische Vorposten' in Europa, Vorposten des Absolutismus waren, während die Polen und Ungarn ‚revolutionäre Völker' waren, die gegen den Absolutismus kämpften. Weil die Unterstützung der nationalen Bewegung der Tschechen und Südslawen damals eine indirekte Unterstützung des Zarismus, des gefährlichsten Feindes der revolutionären Bewegung in Europa, bedeutete." (*Stalin*, „Über die Grundlagen des Leninismus" in „Fragen des Leninismus", Verlag für fremdsprachige Literatur, Moskau 1947, S. 65.) *Die Red.*

Vordringens des deutschen Einflusses allmählich zersetzt und zurückgedrängt.

Dieser Stand der Dinge findet in folgendem seine Erklärung. Seit der Zeit Karls des Großen haben die Deutschen ihre Bemühungen mit der größten Ausdauer und Beharrlichkeit auf die Eroberung, Kolonisation oder zum mindesten Zivilisierung des östlichen Europa gerichtet. Die Eroberungen des Feudaladels zwischen Elbe und Oder und die feudalen Kolonien der kriegerischen Ritterorden in Preußen und Livland bildeten nur die Grundlage für ein weit umfassenderes, wirksameres System der Germanisierung durch das handeltreibende und industrielle Bürgertum, das in Deutschland wie im übrigen Westeuropa seit dem 15. Jahrhundert zu sozialer und politischer Bedeutung aufstieg. Die Slawen, namentlich die Westslawen (Polen und Tschechen), sind im wesentlichen ein Volk von Ackerbauern; Handel und Industrie standen bei ihnen niemals in besonderem Ansehen. Die Folge war, daß mit dem Anwachsen der Bevölkerung und dem Entstehen von Städten in diesen Gegenden die Herstellung aller Industrieartikel in die Hände deutscher Einwanderer fiel, und daß der Austausch dieser Waren gegen landwirtschaftliche Erzeugnisse das ausschließliche Monopol der Juden wurde, die, wenn sie überhaupt zu einer Nationalität gehören, in diesen Ländern sicher eher Deutsche als Slawen sind. Das war, wenn auch im geringeren Grade, im ganzen Osten Europas der Fall. Der Handwerker, der Kleinkrämer, der kleine Fabrikant ist in Petersburg, in Budapest, in Jassy und selbst in Konstantinopel bis auf den heutigen Tag ein Deutscher, während der Geldverleiher, der Schankwirt, der Hausierer — eine sehr wichtige Persönlichkeit in jenen dünn bevölkerten Gebieten — in den allermeisten Fällen ein Jude ist, dessen Muttersprache ein schauderhaft verdorbenes Deutsch ist. Die Bedeutung des deutschen Elements in den slawischen Grenzgebieten, die mit dem Wachstum der Städte, des Handels und der Industrie zunahm, steigerte sich noch, als sich die Notwendigkeit herausstellte, fast alles, was zur geistigen Kultur gehört, aus Deutschland einzuführen; nach dem deutschen Kaufmann und Handwerker begann der deutsche Geistliche, der deutsche Schulmeister, der deutsche Gelehrte sich auf slawischem Boden niederzulassen. Und schließlich folgte der eherne Schritt erobernder Armeen und der behutsame, wohlüberlegte Griff der Diplomatie nicht immer nur der langsam aber sicher fortschrei-

69

tenden Entnationalisierung nach, die die soziale Entwicklung mit sich brachte, sondern ging ihr oftmals voraus. So wurden große Teile von Westpreußen und Posen seit der ersten Teilung Polens germanisiert durch Verkauf und Überlassung von Staatsdomänen an deutsche Kolonisten, durch Förderung deutscher Kapitalisten bei der Errichtung von Fabriken usw. in jenen Landstrichen, und sehr oft auch durch äußerst despotische Maßnahmen gegen die polnischen Landesbewohner.

Auf diese Weise hat sich die Grenzlinie zwischen der deutschen und der polnischen Nationalität in den letzten siebzig Jahren völlig verschoben. Da mit der Revolution von 1848 die unterdrückten Nationen sofort den Anspruch auf selbständige Existenz und auf das Recht erhoben, ihre eigenen Angelegenheiten selbst zu regeln, war es ganz natürlich, daß die Polen ohne weiteres die Wiederherstellung ihres Staates innerhalb der Grenzen der alten polnischen Republik von 1772 forderten. Allerdings war diese Grenze als Trennungslinie zwischen der deutschen und polnischen Nationalität schon zu jener Zeit überholt und wurde es mit fortschreitender Germanisierung von Jahr zu Jahr mehr; aber nun legten die Deutschen eine solche Begeisterung für die Wiederherstellung Polens an den Tag, daß sie erwarten mußten, man werde als ersten Beweis für die Echtheit ihrer Sympathien den Verzicht auf *ihren* Anteil an der Beute verlangen. Andrerseits mußte man sich fragen, sollten ganze Landstriche, hauptsächlich von Deutschen bewohnt, große, vollständig deutsche Städte einem Volk überlassen werden, das bisher noch keinen Beweis erbracht hatte, daß es fähig sei, sich über einen auf bäuerlicher Leibeigenschaft beruhenden Feudalzustand zu erheben? Die Frage war verwickelt genug. Die einzig mögliche Lösung lag in einem Kriege mit Rußland. Dadurch wäre die Frage der Abgrenzung zwischen den verschiedenen revolutionierten Nationen untereinander in den Hintergrund getreten gegenüber der Aufgabe, erst eine gesicherte Grenze gegen den gemeinsamen Feind zu schaffen. Wenn die Polen ausgedehnte Gebiete im Osten erhielten, hätten sie über den Westen eher mit sich reden lassen, und Riga und Mitau wären ihnen schließlich ebenso wichtig erschienen wie Danzig und Elbing. Die radikale Partei in Deutschland, die einen Krieg mit Rußland im Interesse der Bewegung auf dem Kontinent für notwendig hielt und glaubte, daß die nationale Wiederherstellung auch nur eines Teils

70

von Polen unbedingt zu einem solchen Krieg führen würde, unterstützte daher die Polen; die an der Macht befindliche Bourgeoispartei dagegen sah klar voraus, daß ein nationaler Krieg gegen Rußland zu ihrem Sturze führen mußte, da er Männer von größerer Tatkraft und Entschiedenheit ans Ruder bringen würde, und erklärte deshalb mit erheucheltem Enthusiasmus die Erweiterung des Bereichs der deutschen Nation, Preußisch-Polen, den Hauptsitz der polnischen revolutionären Bewegung, für einen integrierenden Bestandteil des deutschen Reiches der Zukunft. Die den Polen in der Erregung der ersten Tage gegebenen Versprechungen wurden schmählich gebrochen. Die mit Zustimmung der Regierung aufgestellten polnischen Streitkräfte wurden zerstreut und durch preußische Artillerie niederkartätscht, und bereits im April 1848, im Verlauf von sechs Wochen nach der Revolution in Berlin, war die polnische Bewegung niedergeschlagen und die alte nationale Feindschaft zwischen Polen und Deutschen zu neuem Leben erweckt. Dieser ungeheure, unschätzbare Dienst wurde dem russischen Selbstherrscher von den liberalen Kaufleuten auf dem Ministersessel, Camphausen und Hansemann, erwiesen. Dazu kommt noch, daß diese Polenkampagne der erste Schritt war, um die preußische Armee zu reorganisieren und ihr das Selbstvertrauen wiederzugeben, der gleichen Armee, die später die liberale Partei zum Teufel jagte und die Bewegung zu Boden schlug, an deren Zustandekommen die Herren Camphausen und Hansemann so viel Mühe gewendet. „Womit sie gesündigt, damit sollen sie gezüchtigt werden." Das war das Schicksal aller Emporkömmlinge von 1848 und 1849, von Ledru-Rollin bis Changarnier und von Camphausen bis hinunter zu Haynau.

Die Nationalitätenfrage rief noch einen anderen Kampf in Böhmen hervor. Dieses Land, bewohnt von zwei Millionen Deutschen und drei Millionen Slawen tschechischer Zunge, hatte große geschichtliche Erinnerungen, die fast alle mit der früheren Vorherrschaft der Tschechen zusammenhingen. Aber dann, seit den Hussitenkriegen[1] im 15. Jahrhundert, wurde die Kraft dieses slawischen

---

[1] Die Hussitenkriege (in der ersten Hälfte des 15. Jahrhunderts), geführt von den Anhängern des religiösen Reformators Johann Hus, waren nach einem Ausspruch von Marx und Engels „ein tschechisch-nationaler Bauernkrieg religiöser Fahne gegen deutschen Adel und kaiserliche Oberherrschaft". („Neue Rheinische Zeitung" Nr. 194 vom 13. Januar 1849.) *Die Red.*

Zweigs der Völkerfamilie gebrochen. Die Länder tschechischer Zunge waren zerrissen, ein Teil bildete das Königreich Böhmen, ein anderer das Fürstentum Mähren; ein dritter, das karpatische Bergland der Slowaken, gehörte zu Ungarn. Die Mähren und Slowaken hatten längst jede Spur nationalen Empfindens und nationaler Lebenskraft verloren, obgleich sie ihre Sprache größtenteils beibehielten. Böhmen war auf drei Seiten von rein deutschen Gebieten umgeben. In Böhmen selbst hatte das deutsche Element große Fortschritte gemacht; sogar in der Hauptstadt, in Prag, hielten sich die beiden Nationalitäten so ziemlich die Waage, und allenthalben befanden sich Kapital, Handel, Industrie und geistige Kultur in den Händen der Deutschen. Der Hauptkämpe der tschechischen Nationalität, Professor Palacky, ist selbst nur ein übergeschnappter deutscher Gelehrter, der bis auf den heutigen Tag die tschechische Sprache nicht korrekt und ohne fremden Akzent sprechen kann. Aber wie das häufig der Fall ist, die tschechische Nationalität, die sich nach allem, was von ihr in den letzten vierhundert Jahren bekanntgeworden, tatsächlich im Absterben befand, machte 1848 eine letzte Anstrengung, ihre frühere Lebenskraft wiederzuerlangen, eine Anstrengung, deren Scheitern, unabhängig von allen revolutionären Erwägungen, beweisen sollte, daß Böhmen künftig nur mehr als Bestandteil Deutschlands existieren kann, wenn auch ein Teil seiner Bewohner noch auf Jahrhunderte hinaus fortfahren mag, eine nichtdeutsche Sprache zu sprechen.

(*Erschienen in der „New York Daily Tribune" vom 5. März 1852.*)

IX

Der Panslawismus. Der Krieg in Schleswig-Holstein

London, Februar 1852

Böhmen und Kroatien (ein anderes losgerissenes Glied der slawischen Völkerfamilie, auf das die Ungarn die gleiche Wirkung ausübten wie die Deutschen auf Böhmen) waren die Heimat dessen, was man auf dem europäischen Kontinent „Panslawismus" nennt. Weder Böhmen noch Kroatien waren stark genug, als Nation eine selbständige Existenz zu führen. Die eine wie die andere Nationalität, nach und nach durch die Wirkung geschichtlicher Ursachen untergraben, die unvermeidlich zu ihrer Aufsaugung durch kraftvollere Stämme führen, konnte nur dann hoffen, wieder eine gewisse Selbständigkeit zu erlangen, wenn sie sich mit andern slawischen Völkern verband. Es gab zweiundzwanzig Millionen Polen, fünfundvierzig Millionen Russen, acht Millionen Serben und Bulgaren; warum nicht eine mächtige Konföderation aus den ganzen achtzig Millionen Slawen bilden und die Eindringlinge vom heiligen slawischen Boden vertreiben oder vernichten, den Türken, den Ungarn und vor allen den verhaßten, aber unentbehrlichen „Njemez", den Deutschen? So wurde in den Studierstuben einer Handvoll slawischer Dilettanten der Geschichtswissenschaft diese lächerliche, antihistorische Bewegung zur Welt gefördert, eine Bewegung, die sich kein geringeres Ziel setzte als die Unterjochung des zivilisierten Westens durch den barbarischen Osten, der Stadt durch das flache Land, des Handels, der Industrie und des Geisteslebens durch den primitiven Ackerbau slawischer Leibeigener. Aber hinter dieser lächerlichen Theorie stand die furchtbare Wirklichkeit des *russischen Reiches*, jenes Reiches, das mit jedem seiner Schritte den Anspruch erhebt, ganz Europa als Domäne der slawischen Rasse und besonders des einzig kraftvollen Teils dieser Rasse, der Russen, zu betrachten; jenes Reichs, das, obwohl es zwei Hauptstädte wie Petersburg und Moskau besitzt, noch immer nicht seinen Schwerpunkt gefunden hat, solange die „Stadt des Zaren" (Konstantinopel, auf russisch Zargrad — Zarenstadt), die jedem russischen Bauern als seine wahre religiöse und nationale Hauptstadt gilt, nicht in Wirklichkeit die Residenz seines Kaisers geworden ist, jenes Reiches, das bei jedem Krieg, den es im Lauf der letzten hundertfünfzig Jahre begann, nie Gebiet verlor, sondern immer gewann. Und man weiß in Mitteleuropa recht gut, durch welche Intrigen die russische Politik das neu in Mode gekommene System des Panslawismus gefördert, ein System, wie es passender für seine Zwecke gar nicht erfunden werden konnte. Die böhmischen und kroatischen Panslawisten arbeiteten also im direkten Interesse Rußlands, die einen bewußt, die andern, ohne es zu wissen; sie verrieten die Sache der Revolution um des Hirngespinsts einer Nationalität willen, die im besten Fall das Schicksal der polnischen Nation unter russischer Herrschaft geteilt hätte. Zur Ehre der Polen muß indessen gesagt werden, daß sie niemals ernstlich in

73

die panslawistische Falle gingen, und wenn einige wenige Aristokraten wütende Panslawisten wurden, so wußten sie, daß sie unter dem russischen Joch weniger zu verlieren hatten als durch eine Revolte ihrer eigenen leibeigenen Bauern.

Die Böhmen und Kroaten beriefen nun einen allgemeinen Slawenkongreß nach Prag zur Vorbereitung einer allumfassenden slawischen Allianz. Dieser Kongreß hätte auch ohne das Eingreifen des österreichischen Militärs einen entschiedenen Mißerfolg erlitten. Die einzelnen slawischen Sprachen unterscheiden sich voneinander ebenso stark wie das Englische, das Deutsche und das Schwedische, und als die Verhandlungen eröffnet wurden, fehlte es an einer gemeinsamen slawischen Sprache, in der sich die Redner verständigen konnten. Man versuchte es mit dem Französischen, aber die Mehrzahl verstand das ebensowenig, und so waren die armen slawischen Enthusiasten, deren einziges gemeinsames Empfinden der gemeinsame Haß gegen die Deutschen war, schließlich gezwungen, sich der verhaßten deutschen Sprache zu bedienen, weil sie die einzige war, die alle verstanden! Gerade damals versammelte sich aber in Prag noch ein anderer Slawenkongreß in der Gestalt galizischer Ulanen, kroatischer und slowakischer Grenadiere, böhmischer Kanoniere und Kürassiere, und dieser wirkliche, bewaffnete slawische Kongreß unter dem Kommando von Windischgrätz jagte in weniger als vierundzwanzig Stunden die Begründer einer nur in ihrer Einbildung vorhandenen slawischen höchsten Gewalt zur Stadt hinaus und zerstreute sie in alle Winde.

Die böhmischen, mährischen, dalmatinischen und ein Teil der polnischen Abgeordneten (die Aristokratie) im österreichischen verfassunggebenden Reichstag führten in dieser Versammlung einen systematischen Kampf gegen das deutsche Element. Die Deutschen und ein anderer Teil der Polen (der verarmte Adel) waren in dieser Versammlung die Hauptvertreter des revolutionären Fortschritts; die Masse der slawischen Abgeordneten, die gegen sie auftraten, begnügten sich jedoch nicht damit, auf diese Weise deutlich die reaktionäre Tendenz ihrer ganzen Bewegung zu zeigen, sondern sanken so tief, mit der gleichen österreichischen Regierung, die ihre Versammlung in Prag auseinandergejagt, zu intrigieren und zu konspirieren. Auch sie erhielten für dieses schmähliche Verhalten ihren Lohn; nachdem sie sich während des Oktoberaufstands 1848, der ihnen schließlich die Mehrheit im Reichstag verschaffte, auf die Seite der Regierung gestellt, wurde der jetzt fast ausschließlich slawische Reichstag ebenso durch österreichische Soldaten auseinandergetrieben wie der Prager Kongreß, und den Panslawisten wurde mit dem Kerker gedroht, falls sie sich nochmals rühren sollten. Und sie haben nur das eine erreicht, daß die slawische Nationalität jetzt überall durch die österreichische Zentralisation untergraben wird, ein Ergebnis, das sie ihrem eigenen Fanatismus und ihrer eigenen Blindheit zu danken haben.

Hätte die Grenze zwischen Ungarn und Deutschland irgendwelchen Zweifel gestattet, so wäre bestimmt auch dort ein Streit entstanden. Aber zum Glück gab es dazu keinen Vorwand, und da die Interessen der beiden Nationen eng miteinander verknüpft waren, kämpften sie gegen die gleichen Feinde, nämlich die österreichische Regierung und den panslawistischen Fanatismus. Ihr gutes Einvernehmen wurde nicht einen Augenblick getrübt. Dagegen verwickelte die Revolution in Italien wenigstens einen Teil Deutschlands in einen brudermörderischen Krieg, und als Beweis dafür, wie weitgehend es dem Metternichschen System gelungen war, die Entwicklung des politischen Denkens hintanzuhalten, muß hier festgestellt werden, daß im Verlauf der ersten sechs Monate 1848 die gleichen Männer, die in Wien auf die Barrikaden gestiegen, voll Begeisterung zu der Armee eilten, die gegen die italienischen Patrioten kämpfte. Immerhin war diese bedauerliche Ideenverwirrung nicht von langer Dauer.

Endlich gab es noch den Krieg mit Dänemark wegen Schleswig und Holstein. Diese Länder, nach Nationalität, Sprache und Neigung unzweifelhaft deutsch, sind auch aus militärischen, maritimen und kommerziellen Gründen für Deutschland notwendig. Ihre Bewohner haben während der letzten drei Jahre einen harten Kampf gegen das Eindringen der Dänen geführt. Überdies war nach den Staatsverträgen das Recht auf ihrer Seite. Die Märzrevolution brachte sie in offenen Widerstreit mit den Dänen, und Deutschland leistete ihnen Beistand. Aber während in Polen, in Italien, in Böhmen und später in Ungarn die militärischen Operationen mit dem größten Nachdruck betrieben wurden, ließ man die Truppen in diesem Krieg, dem einzigen, der volkstümlich, dem einzigen, der wenigstens zum Teil revolutionär war, geflissentlich nutzlos hin und her marschieren und nahm eine fremde diplomatische Einmischung hin, was nach manchem heldenmütigen Gefecht zu einem höchst kläglichen Ende führte. Die deutschen Regierungen übten an der schleswig-holsteinischen revolutionären Armee bei jeder Gelegenheit Verrat und ließen sie, zu der Zeit, als sie verstreut oder geteilt war, absichtlich von den Dänen in die Pfanne hauen. Mit den deutschen Freiwilligenabteilungen verfuhr man in gleicher Weise.

Aber während so der deutsche Name auf allen Seiten nichts als Haß erntete, rieben sich die deutschen konstitutionellen und liberalen Regierungen vergnügt die Hände. Es war ihnen gelungen, die Bewegung in Polen und Böhmen niederzuwerfen. Überall hatten sie die alten nationalen Gegensätze zu neuem Leben erweckt, die so lange einem guten Einvernehmen und gemeinsamen Vorgehen von Deutschen, Polen und Italienern im Wege gestanden. Sie hatten das Volk an Bürgerkriegsszenen und militärische Unterdrückungsmaßnahmen gewöhnt. Die preußische Armee hatte in Polen, die österreichische in Prag ihr Selbstvertrauen wiedergefunden; und während der überströmende Patriotismus einer revolutionären, aber kurzsichtigen Jugend (die „patriotische Überkraft", wie Heine es nannte) nach Schleswig und in die Lombardei gelenkt wurde, wo sie unter den Kartätschen des Feindes verblutete, gab man der regulären Armee, dem wirklichen Werkzeug des Handelns sowohl für Preußen wie für Österreich, durch Siege über das Ausland Gelegenheit, sich bei der Öffentlichkeit wieder in Gunst zu setzen. Wir wiederholen jedoch: Kaum hatten diese Armeen, von den Liberalen neu gestärkt, um gegen die Radikalen eingesetzt zu werden, ihr Selbstvertrauen und ihre Disziplin einigermaßen wiedererlangt, da wendeten sie sich gegen die Liberalen und verhalfen den Männern des alten Systems wieder zur Macht. Als Radetzky in seinem Lager jenseits der Etsch die ersten Befehle der „verantwortlichen Minister" in Wien erhielt, rief er aus: „Wer sind diese Minister? Sie sind nicht die österreichische Regierung. Österreich ist jetzt nur mehr in meinem Lager; ich und meine Armee, wir sind Österreich; laßt uns nur erst die Italiener schlagen, und wir werden das Reich für den Kaiser zurückerobern!" Und der alte Radetzky hatte recht — nur die schwachköpfigen „verantwortlichen" Minister in Wien achteten nicht auf ihn.

(Erschienen in der „New York Daily Tribune" vom 15. März 1852.)

X

Der Pariser Juniaufstand
Die Frankfurter Nationalversammlung

London, Februar 1852

Schon Anfang April 1848 war die revolutionäre Flut auf dem ganzen europäischen Kontinent eingedämmt durch das Bündnis, das jene Gesellschaftsklassen, die aus den ersten Siegen Nutzen gezogen, sofort mit den Besiegten eingingen. In Frankreich hatten sich das Kleinbürgertum und die republikanische Fraktion der Bourgeoisie mit der monarchistischen Bourgeoisie gegen das Proletariat zusammengetan; in Deutschland und Italien hatte die siegreiche Bourgeoisie eifrig um die Unterstützung des Feudaladels, der staatlichen Bürokratie und der Armee gegen die Masse des Volkes und der Kleinbürger geworben. Gar bald bekamen die vereinigten konservativen und konterrevolutionären Parteien wieder Oberwasser. In England gestaltete sich eine zur Unzeit abgehaltene, schlecht vorbereitete Volkskundgebung (10. April)[1] zu einer vollständigen und entscheidenden Niederlage der Fortschrittspartei. In Frankreich endeten zwei ähnliche Bewegungen (am 16. April und am 15. Mai)[2] gleichfalls mit einem Mißerfolg. In Italien erlangte König Bomba[3] am 15. Mai mit einem einzigen Schlage wieder die alte Macht. In

---

[1] Am 10. April 1848 wurde eine von den Chartisten in London geplante Demonstration zum Parlament, wo eine Petition mit 5½ Millionen Unterschriften überreicht werden sollte, verboten und Militär zusammengezogen. Darauf sagte der chartistische Konvent die Demonstration ab, und das Parlament wies die Petition zurück. Die chartistische Bewegung erhielt dadurch einen entscheidenden Schlag. *Die Red.*

[2] Am 16. April 1849 wurde eine friedliche Demonstration der Pariser Arbeiter zum Rathaus von der Nationalgarde auseinandergejagt. Am 15. Mai drangen die demonstrierenden Pariser Arbeiter in die Nationalversammlung ein und forderten ihre Auflösung. Die Nationalgarde griff mit Waffengewalt ein, mehrere Führer der Demonstranten, unter ihnen Blanqui, wurden verhaftet. *Die Red.*

[3] *König Bomba* — Spitzname für Ferdinand II., König beider Sizilien, auf dessen Befehl Anfang 1848 die Stadt Palermo, in der im Zusammenhang mit dem Kampf um eine Verfassung ein Aufstand ausgebrochen war, einem rücksichtslosen zweitägigen Bombardement unterzogen wurde. *Die Red.*

Deutschland festigten sich die verschiedenen neuen Bourgeoisregierungen und ihre verfassunggebenden Versammlungen, und wenn der ereignisreiche 15. Mai in Wien zu einem Sieg des Volkes führte, so war das ein Geschehnis von bloß untergeordneter Bedeutung, das als das letzte erfolgreiche Aufflackern der Volksenergie betrachtet werden kann. In Ungarn schien die Bewegung in das ruhige Fahrwasser völliger Gesetzmäßigkeit einzulenken, und die polnische Bewegung wurde, wie wir in unserem letzten Artikel gesehen, durch preußische Bajonette im Keim erstickt. Aber noch war die Wendung, die die Dinge schließlich nehmen sollten, in keiner Weise entschieden, und jeder Zollbreit Boden, den die revolutionären Parteien in den verschiedenen Ländern verloren, war für sie nur ein Ansporn, ihre Reihen immer enger zu schließen zum entscheidenden Kampf.

Der entscheidende Kampf rückte näher. Er konnte nur in Frankreich ausgefochten werden; denn solange England an dem revolutionären Ringen nicht teilnahm und Deutschland zersplittert blieb, war Frankreich dank seiner nationalen Unabhängigkeit, seiner Zivilisation und Zentralisierung das einzige Land, das den Ländern ringsum den Anstoß zu einer gewaltigen Erschütterung geben konnte. Als daher am 23. Juni 1848 das blutige Ringen in Paris begann, als jedes neue Telegramm, jede neue Post vor den Augen Europas immer klarer die Tatsache enthüllte, daß dieser Kampf zwischen der Masse des arbeitenden Volks einerseits und allen übrigen Klassen der Pariser Bevölkerung, unterstützt von der Armee, andrerseits geführt wurde, als der Kampf sich mehrere Tage hinzog, mit einer Erbitterung, die in der Geschichte des modernen Bürgerkriegs unerhört ist, jedoch ohne erkennbaren Vorteil für die eine oder die andere Seite — da wurde es jedermann klar, daß dies die große Entscheidungsschlacht war, die, wenn der Aufstand siegte, den ganzen Kontinent mit neuen Revolutionen überfluten, wenn er aber unterlag, zum mindesten vorübergehend zur Wiederaufrichtung des konterrevolutionären Regimes führen mußte.

Die Proletarier von Paris wurden geschlagen, dezimiert, zerschmettert, dermaßen, daß sie sich von dem Schlag bis heute noch nicht wieder erholt haben. Und sofort erhoben in ganz Europa die neuen und alten Konservativen und Konterrevolutionäre das Haupt mit einer Frechheit, die zeigte, wie gut sie die Bedeutung der Ereignisse verstanden. Überall fiel man über die Presse her, das Vereins-

und Versammlungsrecht wurde geschmälert, jeder unbedeutende Vorfall in irgendeiner kleinen Provinzstadt zum Vorwand genommen, um das Volk zu entwaffnen, den Belagerungszustand zu verhängen, die Truppen in den neuen Manövern und Kunstgriffen zu drillen, die Cavaignac gelehrt. Zudem war zum erstenmal seit dem Februar bewiesen worden, daß es ein Irrtum war, eine Volkserhebung in einer großen Stadt für unbesiegbar zu halten; die Ehre der Armee war wiederhergestellt; die Truppen, die bisher in jedem Straßenkampf von Bedeutung den kürzeren gezogen, gewannen wieder die Zuversicht, auch dieser Art Kampf gewachsen zu sein.

Von dieser Niederlage der Pariser Arbeiter kann man die ersten entschiedenen Schritte und bestimmten Pläne der alten feudal-bürokratischen Partei in Deutschland datieren, sich auch ihres augenblicklichen Verbündeten, der Bourgeoisie, zu entledigen und in Deutschland wieder den Zustand herzustellen, in dem es sich vor den Märzereignissen befand. Die Armee war wieder die entscheidende Macht im Staate, und die Armee war nicht ein Werkzeug in den Händen der Bourgeoisie, sondern eine Macht für sich. Selbst in Preußen, wo vor 1848 bei einem Teil der Offiziere der unteren Rangstufen eine beträchtliche Neigung für ein konstitutionelles Regime beobachtet worden war, führte die durch die Revolution in die Armee hineingetragene Unordnung diese räsonierenden jungen Leute zu strammer Unterordnung zurück; sobald sich der einfache Soldat ein wenig Freiheit gegenüber den Offizieren herausnahm, schwand bei ihnen sofort jeder Zweifel an der Notwendigkeit von Disziplin und stummem Gehorsam. Die besiegten Adeligen und Bürokraten begannen jetzt zu erkennen, welchen Weg sie einschlagen mußten; die Armee, stärker geeint denn je, mit gehobenem Selbstgefühl infolge des Sieges über kleinere Aufstände und in ausländischen Kriegen, eifersüchtig auf den großen Erfolg, den das französische Militär soeben errungen — diese Armee brauchte man nur in ständige kleine Konflikte mit dem Volke zu bringen, und sie konnte, war der entscheidende Augenblick erst einmal gekommen, mit einem großen Schlage die Revolutionäre zermalmen und mit den Anmaßungen der bürgerlichen Parlamentarier Schluß machen. Und der geeignete Augenblick für einen solchen entscheidenden Schlag kam bald genug.

Wir übergehen die zuweilen merkwürdigen, meist aber langweiligen parlamentarischen Verhandlungen und lokalen Kämpfe, die in Deutschland die verschiedenen Parteien während des Sommers beschäftigten. Es genüge zu sagen, daß die Verfechter der Interessen der Bourgeoisie, trotz zahlreicher parlamentarischer Triumphe, von denen nicht ein einziger zu irgendeinem praktischen Ergebnis führte, ziemlich allgemein fühlten, daß ihre Stellung zwischen den extremen Parteien von Tag zu Tag unhaltbarer wurde, und daß sie sich daher gezwungen sahen, heute ein Bündnis mit den Reaktionären zu suchen und morgen um die Gunst der beim Volke beliebteren Parteien zu buhlen. Dieses ständige Schwanken gab ihrem Ansehen in der öffentlichen Meinung vollends den Rest, und bei der Wendung, die die Dinge nahmen, kam die Verachtung, der sie verfielen, für den Augenblick hauptsächlich den Bürokraten und den Anhängern des Feudalismus zugute.

Zu Beginn des Herbstes war die Stellung der verschiedenen Parteien zueinander so gereizt und kritisch geworden, daß eine Entscheidungsschlacht nicht mehr zu vermeiden war. Das erste Gefecht in diesem Krieg zwischen den demokratischen und revolutionären Massen und der Armee fand in Frankfurt statt. Obgleich ein Gefecht von nur untergeordneter Bedeutung, war es doch der erste Vorteil von einiger Bedeutung, den die Truppen über die Aufständischen errangen, und hatte eine große moralische Wirkung. Der von der Frankfurter Nationalversammlung eingesetzten Scheinregierung war von Preußen aus sehr durchsichtigen Gründen erlaubt worden, einen Waffenstillstand mit Dänemark zu schließen, der nicht nur die Deutschen in Schleswig der dänischen Rache preisgab, sondern auch die mehr oder weniger revolutionären Grundsätze, die bei dem dänischen Krieg nach allgemeiner Ansicht eine maßgebende Rolle spielten, völlig verleugnete. Dieser Waffenstillstand wurde von der Frankfurter Versammlung mit einer Mehrheit von zwei oder drei Stimmen abgelehnt. Die Abstimmung hatte eine Scheinkrise des Ministeriums zur Folge, aber drei Tage später kam die Versammlung auf ihren Beschluß zurück und ließ sich tatsächlich dazu bringen, ihn umzustoßen und den Waffenstillstand zu billigen. Dieses schmachvolle Verhalten erregte im Volk Empörung. Barrikaden wurden errichtet, aber es waren bereits genügend Truppen in Frankfurt zusammengezogen, und nach sechsstündigem Kampf war die Erhebung unterdrückt. Im Zusammenhang mit diesem Ereignis fanden in anderen Teilen Deutschlands (Baden, Köln) ähnliche, wenn auch weniger bedeutende Bewegungen statt, die aber gleichfalls niedergeschlagen wurden.

Dieses einleitende Gefecht brachte der konterrevolutionären Partei den einen großen Vorteil, daß jetzt die einzige Regierung, die — wenigstens dem Anschein nach — ausschließlich aus Volkswahlen hervorgegangen war, die Reichsregierung zu Frankfurt, ebenso wie die Nationalversammlung, in den Augen des Volkes erledigt war. Diese Regierung und diese Versammlung waren gezwungen gewesen, gegenüber der Kundgebung des Volkswillens an die Bajonette der Truppen zu appellieren. Sie waren kompromittiert, und so gering das Ansehen auch war, auf das sie bisher Anspruch erheben konnten, diese Verleugnung ihres Ursprungs, diese Abhängigkeit von den volksfeindlichen Regierungen und ihren Truppen machten fortan den Reichsverweser, seine Minister und seine Abgeordneten vollends zu Nullen. Wir werden bald sehen, wie zuerst Österreich, dann Preußen und schließlich auch die kleineren Staaten jede Verfügung, jedes Ansuchen, jede Abordnung dieser Gesellschaft impotenter Träumer, die bei ihnen vorsprach, mit Verachtung behandelten.

Wir kommen jetzt zu dem großen Gegenstück der französischen Junischlacht in Deutschland, jenem Ereignis, das für Deutschland ebenso entscheidend war wie der Kampf des Pariser Proletariats es für Frankreich gewesen; wir meinen die revolutionäre Erhebung und darauffolgende Erstürmung Wiens im Oktober 1848. Dieser Kampf ist aber von solcher Bedeutung und die Erklärung der verschiedenen Umstände, die für seinen Ausgang in erster Linie mitbestimmend waren, wird so viel Raum der „Tribune" in Anspruch nehmen, daß wir genötigt sind, sie in einem besonderen Brief zu behandeln.

(Erschienen in der „New York Daily Tribune" vom 18. März 1852.)

XI

Der Wiener Oktoberaufstand

London, März 1852

Wir kommen jetzt zu jenen entscheidenden Ereignissen, die in Deutschland das revolutionäre Gegenstück zum Pariser Juniaufstand bilden und mit einem Schlag entscheidend zugunsten der konterrevolutionären Partei in die Waagschale fielen — zum Wiener Aufstand vom Oktober 1848.

Wir haben gesehen, welche Stellung die verschiedenen Klassen in Wien nach dem Siege vom 12. März einnahmen. Wir haben ferner gesehen, wie die Bewegung in Deutschösterreich mit den Vorgängen in den nichtdeutschen Gebieten Österreichs verflochten und durch sie gehemmt war. Wir brauchen also nur noch kurz einen Blick auf die Ursachen zu werfen, die zu dieser letzten und gewaltigsten Erhebung in Deutschösterreich führten.

Der Hochadel und die an der Börse spekulierende Bourgeoisie, die inoffiziell die Hauptstützen des Metternichschen Regimes gewesen, waren auch noch nach den Märzereignissen noch fähig, ihren maßgebenden Einfluß auf die Regierung zu behaupten, nicht nur dank dem Hof, der Armee und der Bürokratie, sondern mehr noch infolge der tödlichen Angst vor der „Anarchie", die in der Bourgeoisie reißend um sich griff. Sehr bald wagten diese Kreise einige Fühler auszustrecken in Gestalt eines Pressegesetzes[1], einer unbeschreiblich aristokratischen Verfassung und eines Wahlgesetzes, das auf der alten Einteilung in „Stände" beruhte.[2] Das sogenannte konstitutionelle Ministerium, das aus halbliberalen, ängstlichen, unfähigen Bürokraten bestand, wagte am 14. Mai sogar einen direkten Angriff auf die revolutionären Organisationen der Massen, indem es das Zentralkomitee der Delegierten der Nationalgarde und der Akademischen Legion[3] auflöste, eine Körperschaft, die ausdrücklich zu dem Zweck gebildet worden war, die Regierung zu überwachen und im Notfall die bewaffneten Kräfte des Volkes gegen sie aufzurufen. Dieses Vorgehen führte jedoch nur zu der Erhebung vom 15. Mai, durch die die Regierung gezwungen wurde, das Komitee anzuerkennen, die Verfassung und das Wahlgesetz zu wider-

---

[1] Das Pressegesetz legte für die Erlaubnis zur Herausgabe einer Zeitung die Hinterlegung einer hohen Kautionssumme fest. *Die Red.*

[2] Die Verfassung vom 25. April 1848 gewährte den Arbeitern kein Wahlrecht; sie schuf eine zweite Kammer, das Oberhaus, ließ die ständigen Gebietskörperschaften bestehen und räumte dem Kaiser das Vetorecht (das Recht des Einspruches gegen die vom Parlament angenommenen Gesetze) ein. *Die Red.*

[3] Die Akademische Legion, zusammengesetzt aus Universitätsstudenten, war die radikalste der bürgerlichen militärischen Organisationen. *Die Red.*

rufen und einen auf Grund des allgemeinen Wahlrechts gewählten verfassunggebenden Reichstag mit der Ausarbeitung des Entwurfs eines neuen Staatsgrundgesetzes zu betrauen. All das wurde am folgenden Tag durch eine kaiserliche Kundmachung bestätigt. Aber die reaktionäre Partei, die gleichfalls ihre Vertreter im Ministerium hatte, brachte es bald zuwege, ihre „liberalen" Kollegen zu einem neuen Angriff auf die Errungenschaften des Volkes zu veranlassen. Die Akademische Legion, die Hochburg der Fortschrittspartei, das Zentrum unausgesetzter Agitation, war gerade deshalb den gemäßigteren Wiener Bürgern besonders zuwider geworden; am 26. wurde sie durch ministerielle Verfügung aufgelöst. Vielleicht wäre dieser Streich geglückt, wenn man die Ausführung einer Abteilung der Nationalgarde übertragen hätte; aber die Regierung, die auch dieser nicht traute, bot Militär auf; daraufhin schwenkte die Nationalgarde sofort gegen die Regierung ein, machte mit der Akademischen Legion gemeinsame Sache und vereitelte so den ministeriellen Plan.

Mittlerweile hatte jedoch der Kaiser mit seinem Hof am 16. Mai Wien verlassen und in Innsbruck Zuflucht genommen. Hier, inmitten der bigotten Tiroler, deren Loyalität angesichts der Gefahr eines Einmarschs der sardinisch-lombardischen Armee[1] in ihr Land erneut aufflammte, gestützt auf die Nähe der Truppen Radetzkys, in deren Schußbereich Innsbruck lag, hier fand die gegenrevolutionäre Partei ein Asyl, von dem aus sie unkontrolliert, unbeobachtet und ungefährdet ihre zersprengten Kräfte sammeln und wiederherstellen und von neuem das Netz ihrer Verschwörungen über das ganze Land spinnen konnte. Mit Radetzky, Jellachich und Windischgrätz sowie mit den zuverlässigen Leuten im Verwaltungsapparat der verschiedenen Provinzen wurden die Verbindungen wiederaufgenommen, mit den Führern der Slawen Ränke geschmiedet. Auf diese Weise wurde eine wirkliche Macht geschaffen, die der konterrevolutionären Kamarilla zur Verfügung stand, während man den machtlosen Ministern gestattete, ihre kurzlebige, schwache Popularität in ständigen Reibereien mit den revolutionären Massen und in den Debatten der demnächst zusammentretenden verfassunggebenden Versammlung abzunützen. So war die Taktik, die Bewegung in der Hauptstadt

---

[1] Die sardinisch-lombardische Armee bildete den Kern der italienischen revolutionären Armee, die zuerst die Truppen Radetzkys nach dem Norden zurückdrängte, ihnen dann aber im August 1848 unterlag. *Die Red.*

eine Zeitlang sich selbst zu überlassen, eine Taktik, die in einem zentralisierten und homogenen Lande wie Frankreich unbedingt dazu geführt hätte, daß die Fortschrittspartei allmächtig geworden wäre, hier in Österreich, diesem Mischmasch heterogener politischer Kräfte, eines der Mittel, die unfehlbar der Reaktion wieder in den Sattel verhelfen mußten.

Die Wiener Bourgeoisie, die sich einredete, nach drei aufeinanderfolgenden Niederlagen und angesichts einer auf dem allgemeinen Wahlrecht beruhenden verfassunggebenden Versammlung sei der Hof als Gegner nicht mehr zu fürchten, verfiel mehr und mehr jener müden Gleichgültigkeit und jener ewigen Sehnsucht nach Ruhe und Ordnung, von der diese Klasse nach heftigen, mit Störungen des Geschäftsgangs verbundenen Erschütterungen noch überall befallen wurde. Die Industrie der österreichischen Hauptstadt beschränkt sich fast ausschließlich auf Luxusartikel, nach denen seit der Revolution und der Flucht des Hofes naturgemäß nur sehr geringe Nachfrage bestand. Der Ruf nach Rückkehr zu einem geordneten Regierungssystem und nach Rückkehr des Hofs, beides Dinge, von denen man eine geschäftliche Wiederbelebung erwartete, dieser Ruf wurde jetzt allgemein in der Bourgeoisie. Der Zusammentritt der verfassunggebenden Versammlung im Juli wurde jubelnd begrüßt als das Ende der revolutionären Ära, ebenso die Rückkehr des Hofs, der sich nach den Siegen Radetzkys in Italien und nach Bildung des reaktionären Ministeriums Doblhoff stark genug fühlte, dem Ansturm des Volkes zu trotzen, und der in Wien gleichzeitig notwendig war, um seine Intrigen mit der slawischen Mehrheit des Reichstags zum Abschluß zu bringen. Während der verfassunggebende Reichstag die Gesetze über die Befreiung der Bauernschaft von den Fesseln des Feudalismus und der Leistung von Frondiensten für den Adel beriet, brachte der Hof ein Meisterstück zuwege. Man bewog den Kaiser, am 19. August eine Truppenschau über die Nationalgarde abzunehmen; die kaiserliche Familie, der Hofstaat, die Generalität überboten einander in Schmeicheleien an die Adresse der bewaffneten Bürger, denen der Stolz, sich derart öffentlich als eine der ausschlaggebenden Mächte des Staates anerkannt zu sehen, schon berauschend zu Kopf gestiegen war; und unmittelbar darauf erschien ein Erlaß mit der Unterschrift des Herrn Schwarzer, des einzigen populären Ministers im Kabinett, der den Arbeitslosen die bisher gewährte staatliche Unterstützung entzog. Der Trick hatte Erfolg. Die Arbeiter veranstalteten eine Demonstration; die Bourgeois von der Nationalgarde erklärten sich für den Erlaß ihres Ministers; sie wurden auf die „Anarchisten" losgelassen, fielen wie Tiger über die unbewaffneten, keinen Widerstand leistenden Arbeiter her und richteten am 23. August ein großes Blutbad unter ihnen an. So wurde die geschlossene Macht der revolutionären Kräfte zerschlagen; der Klassenkampf zwischen Bourgeoisie und Proletariat war auch in Wien blutig zum Ausbruch gekommen, und die konterrevolutionäre Kamarilla sah den Tag herannahen, an dem sie es wagen konnte, zu ihrem großen Schlag auszuholen.

Die ungarischen Angelegenheiten gaben ihr bald Gelegenheit, offen zu verkünden, nach welchen Grundsätzen sie vorzugehen gedachte. Am 5. Oktober erklärte ein kaiserlicher Erlaß in der „Wiener Zeitung" — ein Erlaß, der von keinem der verantwortlichen Minister für Ungarn gegengezeichnet war — den ungarischen Reichstag für aufgelöst und ernannte den Banus Jellachich von Kroatien zum Zivil- und Militärgouverneur in Ungarn — Jellachich, den Führer der südslawischen Reaktion, einen Mann, der sich mit den gesetzlichen Gewalten Ungarns faktisch im Kriege befand. Gleichzeitig erhielten die Truppen in Wien den Befehl zum Abmarsch und zur Vereinigung mit der Armee, die Jellachichs Autorität gewaltsam durchsetzen sollte. Damit ließ man aber den Pferdefuß allzu deutlich sehen: jedermann in Wien fühlte, daß Krieg gegen Ungarn gleichbedeutend war mit Krieg gegen den Grundsatz der konstitutionellen Regierung, einen Grundsatz, der durch den erwähnten Erlaß mit Füßen getreten wurde, da der Kaiser versuchte, ohne Gegenzeichnung eines verantwortlichen Ministers Verordnungen mit Gesetzeskraft zu erlassen. Das Volk, die Akademische Legion, die Wiener Nationalgarde erhoben sich am 6. Oktober in Massen und widersetzten sich dem Ausmarsch der Truppen. Einige Grenadiere gingen zum Volke über. Ein kurzer Kampf entspann sich zwischen den bewaffneten Kräften des Volkes und den Truppen. Der Kriegsminister Latour wurde vom Volke erschlagen, und am Abend war das Volk Sieger. Inzwischen war der Banus Jellachich, bei Stuhlweißenburg von Perczel geschlagen, auf deutschösterreichisches Gebiet unweit Wien geflüchtet. Die Wiener Truppen, die ihm zu Hilfe eilen sollten, nahmen jetzt eine ausgesprochen feindliche, abwehrbereite Stellung ihm gegenüber ein, und der Kaiser mitsamt dem Hof war wiederum geflüchtet, diesmal nach Olmütz, auf halbslawisches Gebiet.

In Olmütz befand sich der Hof indessen in einer ganz anderen Lage als seinerzeit in Innsbruck. Umgeben von den slawischen Abgeordneten der Konstituante, die scharenweise nach Olmütz eilten, und von slawischen Enthusiasten aus allen Teilen der Monarchie, war er jetzt imstande, ohne weiteres den Feldzug gegen die Revolution zu eröffnen. Dieser Feldzug sollte in ihren Augen ein Krieg für die Wiederaufrichtung des Slawentums werden, ein Vernichtungskrieg gegen die beiden Eindringlinge in das von ihnen als slawisch betrachtete Gebiet, gegen die Deutschen und die Magyaren. Windischgrätz, der Sieger von Prag, jetzt der Befehlshaber der Armee, die sich rings um Wien sammelte, wurde mit einem Male zum slawischen Nationalhelden. Und seine Armee bekam rasch von allen Seiten Zuzug. Aus Böhmen, Mähren, der Steiermark, Oberösterreich und Italien marschierte Regiment nach Regiment in Richtung auf Wien, um sich mit den Truppen Jellachichs und der früheren Garnison der Hauptstadt zu vereinigen. So waren gegen Ende Oktober über 60 000 Mann zusammengezogen, die bald begannen, die Kaiserstadt von allen Seiten einzuschließen; bis sie am 30. Oktober so weit vorgedrungen waren, daß sie den entscheidenden Angriff wagen konnten.

In Wien herrschte unterdessen Verwirrung und Ratlosigkeit. Die Bourgeoisie war nach dem Sieg alsbald wieder ihrem alten Mißtrauen gegen die „anarchische" Arbeiterklasse verfallen. Die Arbeiter, die die ihnen sechs Wochen zuvor von den bewaffneten Krämern zuteil gewordene Behandlung so wenig vergessen hatten wie die unstete, schwankende Politik des Bürgertums überhaupt, wollten diesem die Verteidigung der Stadt nicht anvertrauen und verlangten, selbst bewaffnet und militärisch organisiert zu werden. Die Akademische Legion, die darauf brannte, gegen den kaiserlichen Despotismus zu kämpfen, war völlig außerstande, den tieferen Sinn der Entfremdung zwischen den beiden Klassen zu verstehen oder die Erfordernisse der Lage sonst zu begreifen. Verwirrung herrschte in den Köpfen des Volkes, Verwirrung in den leitenden Kreisen. Der Rest des Reichstags, deutsche Deputierte und ein paar Slawen, die, von einigen revolutionären polnischen Abgeordneten abgesehen, für ihre Freunde in Olmütz Spitzeldienste leisteten, tagten in Permanenz; aber statt eine entschiedene Haltung einzunehmen, vertrödelten sie ihre ganze Zeit mit nutzlosen Debatten über die Möglichkeit eines Widerstandes gegen die kaiserliche Armee, ohne die Grenzen des konstitutionellen Herkommens zu überschreiten. Der Sicherheitsausschuß, zusammengesetzt aus Abgeordneten fast aller Organisationen des Volkes von Wien, war wohl zum Widerstand entschlossen, stand aber unter der Herrschaft einer Mehrheit von Pfahlbürgern und Kleinkrämern, die ihn nie zu konsequent entschlossenem, tatkräftigem Handeln kommen ließen. Der Ausschuß der Akademischen Legion faßte heroische Beschlüsse, war aber völlig unfähig, die Führung zu übernehmen. Die Arbeiter, mit Mißtrauen betrachtet, ohne Waffen, ohne Organisation, der Geistesknechtung des alten Regimes kaum entronnen, eben erst erwachend, nicht zum Bewußtsein, sondern zum rein instinktiven Erfassen ihrer Stellung in der Gesellschaft und der sich daraus ergebenden politischen Haltung, konnten sich nur durch laute Demonstrationen Gehör verschaffen; man durfte von ihnen nicht erwarten, sie würden die Schwierigkeiten des Augenblicks meistern. Aber sie waren — wie überall in Deutschland während der Revolution — bereit, bis zum Äußersten zu kämpfen, sobald sie nur Waffen erhielten.

So standen die Dinge in Wien. Draußen die reorganisierte österreichische Armee, berauscht von den Siegen Radetzkys in Italien, sechzig- bis siebzigtausend Mann, gut bewaffnet, gut organisiert, und wenn die Führung auch nicht viel taugte, so doch immerhin mit Führern versehen. Drinnen Verwirrung, Klassenspaltung, Desorganisation; eine Nationalgarde, von der ein Teil entschlossen war, überhaupt nicht zu kämpfen, während ein anderer Teil noch zu keinem Entschluß gekommen und nur der kleinste Teil zum Handeln bereit war; eine proletarische Masse, stark an Zahl, aber ohne Führer, ohne jede politische Schulung, ebenso leicht geneigt zu Panik wie zu beinahe grundlosen Wutausbrüchen, eine Beute jedes falschen Gerüchts, das ausgestreut wurde, durchaus bereit zu kämpfen, doch ohne Waffen, mindestens zu Beginn, und auch später, als man sie schließlich zum Kampfe führte, nur unvollständig bewaffnet und fast gar nicht organisiert; ein hilfloser Reichstag, der noch über theoretische Haarspaltereien diskutierte, als ihm schon fast das Dach über dem Kopfe brannte; ein leitender Ausschuß ohne innere Triebkraft und Energie. Alles war anders geworden seit den Tagen des März und Mai, als im Lager der Konterrevolution völlige Verwirrung herrschte und nur eine einzige organisierte Macht bestand: die von der Revolution geschaffene. Über den Ausgang eines solchen Kampfes konnte es kaum einen Zweifel geben, und wenn es noch einen gab, so wurde er behoben durch die Ereignisse des 30. und 31. Oktober und des 1. November.

(Erschienen in der „New York Daily Tribune" vom 19. März 1852.)

XII

Die Erstürmung Wiens. Der Verrat an Wien

London, März 1852

Als die von Windischgrätz zusammengezogene Armee schließlich zum Angriff auf Wien überging, waren die Kräfte, die zur Verteidigung Wiens verfügbar waren, gänzlich unzureichend für diesen Zweck. Von der Nationalgarde konnte nur ein Teil auf die Schanzen gebracht werden. Allerdings hatte man zuletzt in aller Eile eine proletarische Garde gebildet; aber da der Versuch, auf diese Weise den zahlreichsten, mutigsten, tatkräftigsten Teil der Bevölkerung heranzuziehen, viel zu spät kam, war sie mit dem Gebrauch der Waffen und mit den Anfangsgründen der Disziplin zu wenig vertraut, um erfolgreich Widerstand zu leisten. So war die Akademische Legion, drei- bis viertausend Mann stark, gut einexerziert und bis zu einem gewissen Grade diszipliniert, tapfer und voll Enthusiasmus, vom militärischen Standpunkt aus die einzige Streitkraft, die mit Aussicht auf Erfolg eingesetzt werden konnte. Doch was war sie, zusammen mit den paar verläßlichen Nationalgarden und mit der wirren Masse bewaffneter Proletarier, gegenüber der an Zahl weit überlegenen regulären Armee unter Windischgrätz, gar nicht zu reden von den räuberischen Horden Jellachichs, die durch die ganze Art ihrer Gepflogenheiten für einen Kampf von Haus zu Haus, von Gasse zu Gasse wie geschaffen waren? Und was hatten die Aufständischen, abgesehen von ein paar alten, abgenutzten, schlecht bespannten und schlecht bedienten Kanonen, der zahlreichen, in vorzüglichem Zustand befindlichen Artillerie entgegenzusetzen, von der Windischgrätz so rücksichtslos Gebrauch machte?

Je näher die Gefahr heranzog, um so größer wurde die Verwirrung in Wien. Der Reichstag konnte sich bis zum letzten Augenblick nicht dazu aufraffen, die ungarische Armee Perczels zu Hilfe zu rufen, die nur wenige Meilen unterhalb der Hauptstadt lagerte. Der Sicherheitsausschuß faßte einander widersprechende Beschlüsse, denn er ließ sich gleich den bewaffneten Massen des Volkes von dem Auf und Nieder der wogenden Flut von Gerüchten und Gegengerüchten treiben. Nur in einem Punkte waren sich alle einig: daß das Eigentum respektiert werden müsse, und das in einem für solche Zeiten geradezu lächerlichen Maße. Zur endgültigen Ausarbeitung eines Verteidigungsplans geschah sehr wenig. Bem, der einzige Mann an Ort und Stelle, der, wenn überhaupt jemand, Wien hätte retten können, ein damals in Wien fast unbekannter Fremdling, von Geburt Slawe, gab die Sache auf, erdrückt durch das Mißtrauen, das ihm alle entgegenbrachten. Hätte er ausgeharrt, so wäre er vielleicht als Verräter gelyncht worden. Messenhauser, der die aufständischen Streitkräfte befehligte, mehr ein Romanschriftsteller als ein sei es auch nur subalterner Offizier, war der Aufgabe in keiner Weise gewachsen; und doch hatte die Volkspartei nach acht Monaten revolutionärer Kämpfe keinen Militärspezialisten von größeren Fähigkeiten hervorgebracht oder für sich gewonnen als ihn. Unter solchen Bedingungen begann der Kampf. In Anbetracht ihrer ganz unzureichenden Verteidigungsmittel und des vollständigen Fehlens militärischer Übung und Organisiertheit in ihren Reihen, leisteten die Wiener äußerst heldenmütigen Widerstand. An vielen Stellen wurde der noch zur Zeit des Kommandos Bems erteilte Befehl, „den Posten bis auf den letzten Mann zu verteidigen", buchstäblich ausgeführt. Aber die Übermacht war zu groß. In den langen breiten Straßen, die die Hauptverkehrsadern der Vorstädte bilden, wurde eine Barrikade nach der andern von der kaiserlichen Artillerie hinweggefegt, und am Abend des zweiten Kampftags fiel die Häuserreihe am Glacis [Festungswall] der Altstadt in die Hände der Kroaten. Ein schwacher, ungeordneter Angriff der ungarischen Armee hatte eine völlige Niederlage erlitten, und inmitten eines Waffenstillstands, als einige Abteilungen in der Altstadt kapitulierten, andere unschlüssig waren und die Verwirrung vermehrten, während die Reste der Akademischen Legion neue Verschanzungen aushoben, drangen die Kaiserlichen ein und nahmen in dem allgemeinen Durcheinander die Altstadt.

Die unmittelbaren Folgen dieses Sieges, die Grausamkeiten und standrechtlichen Erschießungen, die unerhörten Greuel und Schandtaten der auf Wien losgelassenen slawischen Horden sind so bekannt, daß sie hier nicht in ihren Einzelheiten geschildert zu werden brauchen. Die weiteren Folgen, die völlig neue Wendung, die die deutschen Angelegenheiten durch die Niederlage der Revolution in Wien erfuhren, werden wir später zu behandeln haben. Hier haben wir nur noch zwei Punkte zu betrachten, die mit der Erstürmung Wiens im Zusammenhang stehen. Die Bevölkerung dieser Hauptstadt hatte zwei Bundesgenossen: die Ungarn und das deutsche Volk. Wo waren sie in der Stunde der Prüfung?

Wir haben gesehen, daß die Wiener mit der ganzen Hochherzigkeit eines eben befreiten Volkes sich für eine Sache erhoben, die, wenn auch letzten Endes ihre eigene, doch zunächst und vor allem die Sache der Ungarn war. Ehe sie duldeten, daß die österreichischen Truppen gegen Ungarn marschierten, wollten sie sich ihrem ersten und furchtbarsten Ansturm lieber selbst aussetzen. Und während sie so edelmütig ihren Verbündeten zu Hilfe eilten, trieben die Ungarn Jellachich, gegen den sie erfolgreich gekämpft, in der Richtung auf Wien und verstärkten durch ihren Sieg die Kräfte, die diese Stadt angreifen sollten. Unter diesen Umständen war es zweifellos Ungarns Pflicht, ohne Zögern und mit allen verfügbaren Kräften nicht dem Wiener Reichstag, nicht dem Sicherheitsausschuß oder sonst einer offiziellen Körperschaft in Wien, sondern der *Wiener Revolution* zu Hilfe zu kommen. Und selbst wenn Ungarn vergessen hätte, daß Wien die erste Schlacht Ungarns geschlagen, so durfte es der eigenen Sicherheit wegen nicht vergessen, daß Wien der einzige Vorposten der ungarischen Unabhängigkeit war und daß nach dem Falle von Wien nichts den Vormarsch der kaiserlichen Truppen gegen Ungarn aufhalten konnte. Nun ist uns aber sehr wohl bekannt, was die Ungarn zur Rechtfertigung ihrer Untätigkeit während der Einschließung und Erstürmung Wiens vorbringen konnten und vorgebracht haben: die Unzulänglichkeit ihrer eigenen Streitkräfte, die Weigerung des Reichstags und aller übrigen offiziellen Körperschaften in Wien, sie herbeizurufen, die Notwendigkeit, auf dem Boden der Verfassung zu bleiben und Verwicklungen mit der deutschen Zentralgewalt zu vermeiden. Was aber die Unzulänglichkeit der ungarischen Armee betrifft, so steht fest, daß in den ersten Tagen nach Ausbruch der Revolution in Wien und nach dem Eintreffen Jellachichs keinerlei reguläre Truppen nötig gewesen wären, da die österreichische reguläre Armee noch lange nicht zusammengezogen war und daß eine kühne, rücksichtslose Ausnutzung des Anfangserfolgs gegen Jellachich, sei es auch nur mit dem Landsturm, der bei Stuhlweißenburg gefochten, genügt hätte, um die Verbindung mit den Wienern herzustellen und auf ein halbes Jahr hinaus die Konzentration einer österreichischen Armee hinauszuschieben. Im Krieg, und besonders im revolutionären Krieg, ist Schnelligkeit des Handelns, bis ein entscheidender Erfolg errungen, die oberste Regel, und wir tragen keine Bedenken zu sagen, daß Perczel aus *rein militärischen Gründen* nicht hätte haltmachen dürfen, ehe die Verbindung mit den Wienern hergestellt war. Wohl war einige Gefahr damit verbunden, aber wer hat je eine Schlacht gewonnen, ohne etwas zu wagen? Und hatte das Volk von Wien denn nichts gewagt, als es — eine Bevölkerung von vierhunderttausend Menschen — die Streitkräfte, die zur Niederwerfung von zwölf Millionen Ungarn ausmarschieren sollten, sich selbst auf den Hals zog? Der militärische Fehler, der darin bestand, zu warten, bis die Österreicher sich vereinigt hatten, und das schwächliche Scheinmanöver bei Schwechat zu unternehmen, das verdientermaßen mit einer unrühmlichen Niederlage endete — dieser militärische Fehler brachte sicher größere Gefahren mit sich, als ein entschlossener Vormarsch auf Wien gegen die zügellosen Horden Jellachichs es getan hätte.

Aber, wendet man ein, ein solcher Vorstoß der Ungarn, ohne Wissen und Willen irgendeiner offiziellen Körperschaft, wäre eine Verletzung deutschen Gebiets gewesen, hätte Verwicklungen mit der Zentralgewalt in Frankfurt heraufbeschworen und überdies eine Abkehr von der gesetz- und verfassungsmäßigen Politik bedeutet, in der die Stärke der ungarischen Sache lag. Aber die offiziellen Körperschaften in Wien waren doch Nullen! War es der Reichstag, waren es die Volksausschüsse, die sich für Ungarn erhoben hatten, oder war es das Volk von Wien, und nur das Volk allein, das zum Gewehr gegriffen, um den ersten Anprall im Kampfe um Ungarns Unabhängigkeit aufzufangen? Es galt nicht, diese oder jene offizielle Körperschaft in Wien aufrechtzuerhalten — alle diese Stellen konnten und mußten mit dem Fortschritt der revolutionären Bewegung sehr bald beseitigt werden —, sondern es handelte sich einzig und allein um den Aufschwung der revolutionären Bewegung, den ununterbrochenen Fortschritt der Volksaktion selbst, und das allein konnte Ungarn vor dem Einmarsch des Feindes retten. Welche Formen diese revolutionäre Bewegung später annehmen mochte, das war Sache der Wiener und nicht der Ungarn, solange Wien und Deutschösterreich als Ganzes im Kampf gegen den gemeinsamen Feind weiterhin ihre Verbündeten waren. Aber es fragt sich, ob man in diesem hartnäckigen Verlangen der ungarischen Regierung nach einer sozusagen gesetzlichen Ermächtigung nicht das erste deutliche Anzeichen jenes Bestrebens zu erblicken hat, sich in ihrem Verhalten hinter einer recht zweifelhaften Gesetzlichkeit zu verschanzen, die, wenn sie Ungarn auch nicht gerettet hat, so doch immerhin in einem späteren Zeitpunkt bei einem englischen Bourgeoispublikum eine ausgezeichnete Wirkung erzielte.[1]

Was den Vorwand möglicher Konflikte mit der deutschen Zentralgewalt in Frankfurt anbelangt, so ist er völlig gegenstandslos. Die Frankfurter Machthaber waren durch den Sieg der Konterrevolution in Wien *de facto* schon gestürzt; sie wären ebenso gestürzt worden, wenn die Revolution dort die Unterstützung gefunden hätte, die sie brauchte, um ihre Feinde zu besiegen. Und schließlich mag das gewichtige Argument, daß Ungarn den gesetz- und verfassungsmäßigen Boden nicht verlassen durfte, vielleicht auf englische Freihändler Eindruck machen[2], aber vor dem Richterstuhl der Geschichte wird es nimmer bestehen. Angenommen, das Volk von Wien hätte sich am 13. März und 6. Oktober ängstlich in den Grenzen „gesetz- und verfassungsmäßiger Mittel" gehalten, was wäre dann aus der „gesetz- und verfassungsmäßigen Bewegung" und all den glorreichen Kämp-

---

[1] Anspielung auf Kossuth, den Führer der revolutionären Regierung in Ungarn, der im Jahre 1851 während seiner Agitation in England die Sympathien und den Geldbeutel des bürgerlichen Publikums dadurch zu gewinnen trachtete, daß er ständig betonte, die revolutionäre Regierung Ungarns stehe auf dem Boden der Gesetze, der König dagegen handle ungesetzlich. *Die Red.*

[2] Die Agitation Kossuths wurde besonders von den liberalen englischen Freetraders (Freihändlern) unterstützt (liberale Bourgeois, die für die Abschaffung der Kornzölle eintraten), an deren Spitze Cobden stand. *Die Red.*

fen geworden, die Ungarn zum erstenmal die Achtung der zivilisierten Welt verschafften? Der höchst gesetz- und verfassungsmäßige Boden, auf dem sich die Ungarn 1848 und 1849 angeblich bewegten, war für sie durch die äußerst ungesetzliche und verfassungswidrige Wiener Volkserhebung vom 13. März erkämpft. Wir beabsichtigen hier nicht, die Geschichte der ungarischen Revolution zu erörtern, aber es erscheint uns angebracht, zu bemerken, daß es nicht den geringsten Nutzen bringt, sich ausdrücklich nur gesetzlicher Mittel zu bedienen gegenüber einem Feinde, der sich über solche Bedenken nur lustig macht, und daß überdies ohne dieses ewige Hervorkehren der Gesetzlichkeit, das Görgey sich zu eigen machte und gegen die Regierung ausspielte, weder die Ergebenheit der Görgeyschen Armee für ihren Feldherrn noch die schmachvolle Katastrophe von Világos[1] möglich gewesen wären. Und als die Ungarn schließlich, um die Ehre zu retten, gegen Ende Oktober 1848 über die Leitha setzten — war das nicht ebenso ungesetzlich, wie ein sofortiger entschlossener Angriff gewesen wäre?

Man weiß, daß wir gegen Ungarn keine unfreundlichen Gefühle hegen. Wir haben zu Ungarn während des Kampfes gestanden; wir dürfen wohl sagen, daß unsere Zeitung, die „Neue Rheinische Zeitung", mehr als irgendeine andere getan hat, um Ungarns Sache in Deutschland populär zu machen, indem sie das Wesen des Kampfes zwischen den Magyaren und den Slawen erklärte, und den ungarischen Krieg in einer Reihe von Artikeln verfolgte, denen die Anerkennung zuteil wurde, in fast jedem späteren Buch über den Gegenstand plagiiert zu werden, die Arbeiten von geborenen Ungarn und „Augenzeugen" nicht ausgenommen. Auch jetzt noch betrachten wir Ungarn als notwendigen und natürlichen Bundesgenossen Deutschlands bei jeder künftigen Umwälzung auf dem Kontinent. Wir sind jedoch streng genug gegen unsere eigenen Landsleute gewesen, um ein Recht zu haben, auch über unsere Nachbarn ein offenes Wort zu sprechen; überdies haben wir hier mit geschichtlicher Unparteilichkeit Tatsachen zu verzeichnen, und so müssen wir denn erklären, daß in diesem besonderen Fall die hochherzige Kühnheit des Volks

---

[1] Bei Világos ergab sich im August 1849 Görgeys Armee den russischen Truppen unter dem Kommando des Generals Paskewitsch, den der Zar Nikolaus I. zur Unterdrückung der ungarischen Revolution zur Verfügung gestellt hatte. *Die Red.*

von Wien nicht nur weit edler, sondern auch viel weitblickender war als die ängstliche Vorsicht der ungarischen Regierung. Und als Deutschem sei es mir ferner erlaubt zu sagen, daß wir alle die glanzvollen Siege und ruhmreichen Schlachten des ungarischen Feldzugs nicht eintauschen möchten für die spontane, isolierte Erhebung und den heldenhaften Widerstand des Volks von Wien, unserer Landsleute, durch die Ungarn Zeit gewann, die Armee aufzustellen, die so große Dinge vollbringen konnte.[1]

Der zweite Bundesgenosse Wiens war das deutsche Volk. Aber dieses war überall in den gleichen Kampf verwickelt wie die Wiener. Frankfurt, Baden, Köln waren soeben besiegt und entwaffnet worden. In Berlin und Breslau standen Volk und Heer auf gespanntestem Fuße, und jeden Tag war zu erwarten, daß es zu offenen Kämpfen kam. So stand es allerorts in den Zentren der Bewegung. Überall waren Fragen in der Schwebe, die nur mit Waffengewalt entschieden werden konnten; und jetzt machten sich zum erstenmal die unheilvollen Folgen des Fortbestehens der alten Zerrissenheit und Dezentralisation Deutschlands aufs schwerste fühlbar. Die verschiedenen Fragen waren in jedem Staat, in jeder Provinz, in jeder Stadt im Grunde genommen dieselben; aber sie tauchten überall unter verschiedenen Formen und Vorwänden auf und hatten überall verschiedene Reifegrade erreicht. So kam es, daß man zwar allerorts fühlte, von welch entscheidender Wichtigkeit die Wiener Ereignisse waren, daß aber gleichwohl nirgends ein wuchtiger Schlag geführt werden konnte, von dem sich erwarten ließ, daß er den Wienern Hilfe oder Erleichterung bringen werde; und so blieb ihnen keine andere Hilfe als das Parlament und die Zentralgewalt in Frankfurt. Von allen Seiten wurden sie angerufen; aber was taten sie?

Das Frankfurter Parlament und der Bastard, den es als Folge seines blutschänderischen Verkehrs mit dem alten Bundestag in die Welt gesetzt, die sogenannte Zentralgewalt, machten sich die Wiener Vorgänge zunutze, um ihre völlige Nichtigkeit an den Tag zu legen. Diese verächtliche Versammlung hatte, wie wir gesehen, längst ihre Jungfernschaft verloren und begann bei all ihrer Jugend bereits grauhaarig zu werden und sich alle Schliche geschwätziger, pseudo-

---

[1] Die ungarische revolutionäre Armee brachte im Frühjahr 1849 der österreichischen Armee mehrere Niederlagen bei und zwang sie, ganz Ungarn zu räumen. *Die Red.*

diplomatischer Prostitution anzueignen. Von den berückenden Träumen von Macht, deutscher Wiedergeburt und Einheit, die sie anfangs erfüllten, war nichts geblieben als eine Anzahl bombastischer teutscher Phrasen, die bei jeder Gelegenheit aufgetischt wurden, und der feste Glaube eines jeden einzelnen Abgeordneten an seine eigene Wichtigkeit und an die Leichtgläubigkeit des Publikums. Die ursprüngliche Naivität war verflogen; die Vertreter des deutschen Volkes waren praktische Männer geworden, das heißt, sie hatten herausgefunden, daß ihre Stellung als Schiedsrichter über das Schicksal Deutschlands um so sicherer sei, je weniger sie taten und je mehr sie schwatzten. Nicht etwa, daß sie ihre Verhandlungen für überflüssig hielten; ganz im Gegenteil. Aber sie waren dahintergekommen, daß alle wirklich großen Fragen für sie verbotenes Gebiet waren, dem sie sich am besten fernhielten, und gleich einem Konzilium byzantinischer Doktoren des oströmischen Kaiserreichs diskutierten sie daher mit einer Wichtigtuerei und Ausdauer, würdig des Schicksals, das sie schließlich ereilte, theoretische Dogmen, die in allen Teilen der zivilisierten Welt längst erledigt sind, oder nur mit der Lupe wahrnehmbare praktische Fragen, die nie zu einem praktischen Ergebnis führten. Da die Nationalversammlung somit eine Art Lancasterschule zur gegenseitigen Belehrung ihrer Mitglieder war, und darum für sie sehr wichtig, war sie sogar überzeugt, sie leiste mehr, als das deutsche Volk von ihr zu erwarten ein Recht habe, und sie betrachtete jeden als Landesverräter, der die Unverschämtheit besaß, ihr zuzumuten, sie solle zu einem Ergebnis gelangen.

Als der Aufstand in Wien ausbrach, gab es einen Haufen Interpellationen, Debatten, Anträge und Gegenanträge über ihn, die natürlich zu nichts führten. Die Zentralgewalt sollte einschreiten. Sie sandte zwei Kommissare nach Wien, Welcker, den ehemaligen Liberalen, und Mosle. Die Irrfahrten Don Quichottes und Sancho Pansas bilden den Stoff zu einer Odyssee, verglichen mit den Heldentaten und wunderbaren Abenteuern dieser zwei fahrenden Ritter der deutschen Einheit. Zu feige, nach Wien zu gehen, ließen sie sich von Windischgrätz anschnauzen, von dem idiotischen Kaiser anglotzen und von dem Minister Stadion aufs unverschämteste foppen. Ihre Telegramme und Berichte sind vielleicht der einzige Teil der Frankfurter Protokolle, der in der deutschen Literatur dauernd Platz finden wird; sie sind ein regelrechter satirischer Roman von höchster Vollendung und ein ewiges Denkmal der Schande für die Frankfurter Nationalversammlung und ihre Regierung.

Auch die Linke der Nationalversammlung hatte zwei Kommissare nach Wien geschickt, um dort ihre Autorität zur Geltung zu bringen, die Herren Fröbel und Robert Blum. Als die Lage bedrohlich wurde, gelangte Blum zu der richtigen Erkenntnis, daß hier die Entscheidungsschlacht der deutschen Revolution zum Austrag kommen werde, und entschloß sich ohne Zögern, sein Leben für die Sache einzusetzen. Fröbel dagegen war der Meinung, es sei seine Pflicht, sich für die wichtigen Aufgaben seines Frankfurter Postens zu erhalten. Blum galt als einer der besten Redner der Frankfurter Versammlung; sicher war er der populärste. Den Anforderungen einer erfahrenen, parlamentarischen Versammlung hätte seine Beredsamkeit nicht standgehalten; er liebte zu sehr das seichte Pathos eines deutschen Dissidentenpredigers, und seinen Argumenten fehlte es an philosophischer Schärfe wie an Kenntnis der praktischen Wirklichkeit. Politisch gehörte er zur „gemäßigten Demokratie", einer ziemlich unbestimmten Richtung, die sich aber gerade wegen dieses Mangels an Bestimmtheit ihrer Prinzipien großer Beliebtheit erfreute. Bei alledem war Blum jedoch von Haus aus durch und durch ein Plebejer, wenn auch mit einem gewissen Schliff, und in entscheidenden Augenblicken gewannen sein plebejischer Instinkt und seine plebejische Energie die Oberhand über die Unbestimmtheit und daher Unentschiedenheit seiner politischen Meinung und Einsicht. In solchen Augenblicken erhob er sich weit über das gewöhnliche Niveau seiner Fähigkeiten.

So sah er in Wien auf den ersten Blick, daß hier und nicht in den elegant sein sollenden Debatten in Frankfurt die Entscheidung über das Schicksal seines Landes fallen werde. Sofort faßte er seinen Entschluß, gab jeden Gedanken an Rückzug auf, übernahm ein Kommando in der revolutionären Armee und legte außerordentliche Kaltblütigkeit und Festigkeit an den Tag. Ihm war es zu danken, daß die Einnahme der Stadt geraume Zeit verzögert wurde, er war es, der eine ihrer Seiten gegen den Angreifer sicherte, indem er die Taborbrücke über die Donau in Brand steckte. Allgemein bekannt ist, wie er nach der Erstürmung verhaftet, vor ein Kriegsgericht gestellt und erschossen wurde. Er starb wie ein Held. Die Frankfurter Versammlung aber, obwohl starr vor Entsetzen, machte doch nach außen gute Miene zu dem blutigen Schimpf. Eine Resolution wurde gefaßt, die durch den sanften Ton und die diplomatische Zurückhaltung ihrer Sprache eher eine Beschimpfung des Grabes des gemordeten Märtyrers war als ein Verdammungsurteil über Österreich. Aber man durfte ja nicht erwarten, diese verächtliche Versammlung werde sich über die Ermordung eines ihrer Mitglieder empören, zumal es sich um einen Führer der Linken handelte.

(Erschienen in der „New York Daily Tribune" vom 9. April 1852.)

XIII

Die preußische verfassunggebende Versammlung
Die Frankfurter Nationalversammlung

London, März 1852

Am 1. November fiel Wien, und am 9. desselben Monats zeigte die Auflösung der verfassunggebenden Versammlung in Berlin, wie sehr dies Ereignis sofort den Mut und die Kraft der konterrevolutionären Partei in ganz Deutschland gehoben hatte.

Die Ereignisse des Sommers 1848 in Preußen sind bald erzählt. Die verfassunggebende Versammlung, oder richtiger „die Versammlung, die gewählt war, um mit der Krone eine Verfassung zu vereinbaren", und ihre aus Vertretern der Bourgeoisinteressen bestehende Mehrheit hatten sich längst um jede Achtung der Öffentlichkeit gebracht, weil sie aus Angst vor dem energischeren Teil der Bevölkerung zu allen Intrigen des Hofes ja und amen sagten. Sie hatten die verhaßten feudalen Vorrechte bestätigt oder vielmehr wiederhergestellt und so die Freiheit und wirtschaftlichen Interessen der Bauernschaft verraten. Sie hatten sich weder als fähig erwiesen, einen Verfassungsentwurf auszuarbeiten, noch die Gesetzgebung im allgemeinen zu verbessern. Sie hatten sich fast ausschließlich mit theoretischen Haarspaltereien befaßt, bloßen Formalitäten und Fragen der konstitutionellen Etikette. Die Versammlung war tatsächlich mehr eine Schule des parlamentarischen „guten Tons" für ihre Mitglieder, als eine Körperschaft, der das Volk Interesse entgegenbringen konnte. Überdies waren die Mehrheiten ziemlich gleich stark, und fast immer gaben die wankelmütigen Gruppen der „Mitte" den Ausschlag, deren Schwankungen von rechts nach links und umgekehrt erst den Sturz des Ministeriums Camphausen, dann den des Ministeriums Auerswald-Hansemann herbeiführten. Aber während so die Liberalen, hier wie überall sonst, den günstigen Augenblick ungenutzt verstreichen ließen, sammelte der Hof die Kräfte wieder, auf die er sich im Adel und bei dem zurückgebliebensten Teil der Landbevölkerung wie auch in Heer und Beamtenschaft stützen konnte. Nach dem Sturze Hansemanns wurde ein Ministerium von Beamten und Offizieren gebildet, lauter eingefleischten Reaktionären, das aber zum Schein den Wünschen des Parlaments entgegenkam; und die Versammlung, die nach dem bequemen Grundsatz verfuhr, nur auf die „Maßnahmen und nicht auf die Männer" komme es an, von denen sie ausgehen, ließ sich tatsächlich derart übertölpeln, daß sie dieses Ministerium mit Beifall begrüßte, während sie natürlich kein Auge für die Konzentration und Organisierung der konterrevolutionären Kräfte hatte, die dies selbe Ministerium ganz offen betrieb. Als schließlich der Fall von Wien das Signal gegeben, entließ der König seine Minister und ersetzte sie durch „Männer der Tat" unter Führung des jetzigen Ministerpräsidenten, des Herrn Manteuffel. Da erwachte die traumversunkene Versammlung auf einmal zum Bewußtsein der Gefahr; sie sprach dem Kabinett ihr Mißtrauen aus, was sofort durch einen Erlaß beantwortet wurde, der den Sitz der Versammlung von Berlin, wo sie im Fall eines Konflikts auf die Unterstützung der Massen zählen konnte, nach Brandenburg verlegte, einer kleinen Provinzstadt, die völlig von der Regierung abhing. Die Versammlung erklärte jedoch, sie könne ohne ihr Einverständnis weder vertagt, noch verlegt, noch aufgelöst werden. Mittlerweile rückte General Wrangel an der Spitze von etwa 40 000 Mann in Berlin ein. In einer Zusammenkunft der städtischen Behörden und der Offiziere der Bürgerwehr wurde beschlossen, von Widerstand abzusehen. Und nun, nachdem die Versammlung und die liberale Bourgeoisie, aus der sie hervorgegangen, den vereinigten Kräften der Reaktion gestattet hatte, alle wichtigen Posten zu besetzen und ihren Händen fast jede Verteidigungsmöglichkeit zu entwinden, begann jene grandiose Komödie des „passiven Widerstands im Rahmen der Gesetze", die sie zu einer glorreichen Nachahmung des von Hampden[1] gegebenen Beispiels und der ersten Maßnahmen der Amerikaner im Unabhängigkeitskrieg[2] zu gestalten gedachte. Berlin wurde in Belagerungszustand erklärt — und Berlin blieb ruhig; die Bürgerwehr wurde von der Regierung aufgelöst — und ihre Waffen wurden mit der größten Pünktlichkeit abgeliefert. Die Versammlung wurde vierzehn Tage lang von einem Sitzungssaal zum andern gejagt und überall durch Militär auseinandergetrieben — und die Mitglieder der Versammlung beschworen die Bürger, Ruhe zu bewahren. Von der Regierung zuletzt für aufgelöst erklärt, beschloß die Versammlung, die Steuererhebung für ungesetzlich zu erklären, und dann zerstreuten sich ihre Mitglieder über das ganze Land, um die Steuerverweigerung zu organisieren. Aber sie mußten entdecken, daß sie sich in der Wahl ihrer Mittel kläglich vergriffen hatten. Nach einigen bewegten Wochen, denen die strengen Maßnahmen der Regierung gegen die Opposition folgten, gab man allgemein den Gedanken auf, einer vom Tode gezeichneten Versammlung zuliebe, die nicht einmal den Mut zur Selbstverteidigung aufgebracht, die Steuern zu verweigern.

Ob es Anfang November 1848 bereits zu spät war, zu bewaffnetem Widerstand zu greifen, oder ob ein Teil der Armee, wäre er auf ernstliche Gegenwehr gestoßen, sich auf die Seite der Versammlung geschlagen und so die Sache zu ihren Gunsten entschieden hätte, ist eine Frage, die wohl für immer ungelöst bleiben wird. Aber in der Revolution wie im Kriege ist es immer notwendig, dem Feind die Spitze zu bieten, und wer angreift, ist im Vorteil; und in der Revolution wie im Kriege ist es von höchster Notwendigkeit, im entscheidenden Augenblick alles zu wagen, wie die Chancen auch stehen mögen. Es gibt keine einzige erfolgreiche Revolution in der Geschichte, die nicht die Richtigkeit dieser grundlegenden Tatsache be-

---

[1] Hampden war einer der Führer der Opposition in der englischen Deputiertenkammer in den 30er und 40er Jahren des 17. Jahrhunderts. Er trat auf gegen die Zahlung von Steuern, die nicht von der Deputiertenkammer beschlossen worden waren. *Die Red.*

[2] Die nordamerikanischen Kolonien Englands begannen im Jahre 1773 ihre Bewegung für die Unabhängigkeit vom Mutterland ebenfalls mit einem passiven Widerstand, mit der Weigerung, die nach ihrer Meinung ungesetzlichen Befehle der englischen Regierung auszuführen. Das führte zu einem Kriege mit England, und im Jahre 1783 erlangten die Vereinigten Staaten von Amerika ihre Unabhängigkeit. *Die Red.*

wiese. Für die preußische Revolution war nun aber im November 1848 der entscheidende Augenblick gekommen; die Versammlung, die offiziell an der Spitze der ganzen revolutionären Bewegung stand, bot dem Feind jedoch nicht die Stirn, sondern wich bei jedem feindlichen Vorstoß zurück; noch weniger ging sie zum Angriff über — zog sie doch vor, sich nicht einmal zu verteidigen; und als der entscheidende Augenblick gekommen, als Wrangel an der Spitze von 40 000 Mann an die Tore Berlins pochte, da fand er nicht jede Straße mit Barrikaden verrammelt, jedes Fenster in eine Schießscharte verwandelt, wie er und alle seine Offiziere bestimmt erwartet hatten, sondern er fand die Tore offen und auf den Straßen als einziges Hindernis friedliche Berliner Bürger, die sich köstlich über den Streich belustigten, den sie Wrangel dadurch gespielt, daß sie sich, an Händen und Füßen gebunden, den erstaunten Soldaten auslieferten. Allerdings hätten Versammlung und Volk im Falle des Widerstands geschlagen werden können; Berlin konnte bombardiert werden, und Hunderte wären dabei vielleicht ums Leben gekommen, ohne den schließlichen Sieg der Königspartei zu verhindern. Aber das war kein Grund, ohne weiteres die Waffen zu strecken. Eine Niederlage nach schwerem Kampf ist eine Tatsache von ebenso großer revolutionärer Bedeutung wie ein leicht errungener Sieg. Die Niederlagen von Paris im Juni 1848 und von Wien im Oktober haben zur Revolutionierung der Bevölkerung dieser beiden Städte sicher weit mehr beigetragen als die Siege vom Februar und März. Die Versammlung und das Volk von Berlin hätten wahrscheinlich das Schicksal der beiden genannten Städte geteilt; aber sie wären ruhmreich gefallen und hätten in den Herzen der Überlebenden das Verlangen nach Rache hinterlassen, das in revolutionären Zeiten eine der stärksten Triebfedern zu energischem, leidenschaftlichem Handeln bildet. Bei jedem Kampf ist es selbstverständlich, daß, wer den Handschuh aufnimmt, Gefahr läuft, geschlagen zu werden; aber ist das ein Grund, sich geschlagen zu geben und das Joch auf sich zu nehmen, ohne das Schwert gezogen zu haben?

Wer in einer Revolution eine entscheidende Stellung befehligt und sie dem Feind übergibt, statt ihn zu zwingen, einen Sturm auf sie zu wagen, verdient ohne weiteres als Verräter behandelt zu werden.

Der gleiche Erlaß des Königs von Preußen, der die verfassunggebende Versammlung auflöste, verkündete auch eine neue Verfassung, die auf dem von einem Ausschuß der Versammlung ausgearbeiteten Entwurf beruhte, wobei jedoch in manchen Punkten die Befugnisse der Krone erweitert, in anderen die des Parlaments in Frage gestellt wurden. Diese Verfassung sah zwei Kammern vor, die demnächst zusammentreten sollten, um die Verfassung zu bestätigen und abzuändern.

Wir brauchen kaum zu fragen, wo die Deutsche Nationalversammlung während des „legalen und friedlichen" Kampfes der preußischen Konstitutionalisten war. Sie war, wie gewöhnlich, in Frankfurt damit beschäftigt, höchst zahme Resolutionen gegen das Vorgehen der preußischen Regierung zu fassen und das „imposante Schauspiel des passiven, gesetzmäßigen, einmütigen Widerstandes eines ganzen Volkes gegen brutale Gewalt" zu bewundern. Die Zentralregierung sandte Kommissare nach Berlin, die zwischen dem Ministerium und der Versammlung vermitteln sollten; aber sie fanden dasselbe Schicksal wie ihre Vorgänger in Olmütz und wurden höflich hinauskomplimentiert. Die Linke der Nationalversammlung, das heißt die sogenannte radikale Partei, entsandte ebenfalls Kommissare; aber nachdem sie sich von der völligen Hilflosigkeit der Berliner Versammlung gebührend überzeugt und ihrerseits ebenso große Hilflosigkeit an den Tag gelegt hatten, kehrten sie nach Frankfurt zurück, um über den Stand der Dinge zu berichten und die bewundernswert friedliche Haltung der Berliner zu bezeugen. Ja, noch mehr! Als Herr Bassermann, einer der Kommissare der Zentralregierung, berichtete, die jüngsten scharfen Maßnahmen des preußischen Ministeriums seien nicht unbegründet, da man in letzter Zeit allerhand verwegen aussehende Gestalten in den Straßen Berlins habe herumstrolchen sehen, wie sie immer am Vorabend anarchischer Bewegungen auftauchten (und die seitdem den Namen „Bassermannsche Gestalten" erhalten haben), da erhoben sich in allem Ernst jene würdigen Abgeordneten der Linken und entschiedenen Verfechter der revolutionären Belange, um eidlich zu bezeugen, daß dem nicht so sei! So hatte sich im Verlauf zweier Monate die völlige Unfähigkeit der Frankfurter Versammlung deutlich herausgestellt. Schärfer konnte nicht mehr bewiesen werden, daß diese Körperschaft ihrer Aufgabe nicht im geringsten gewachsen war, ja, daß sie nicht im entferntesten einen Begriff davon hatte, was in Wirklichkeit ihre Aufgabe war. Die Tatsache, daß die Entscheidung über das Schicksal der Revolution in Wien und Berlin fiel, daß in diesen beiden Hauptstädten die wichtigsten Lebensfragen erledigt wurden, ohne daß man von der Existenz der Frankfurter Versammlung auch nur die leiseste Notiz nahm — diese Tatsache allein genügt, um festzustellen, daß diese Körperschaft ein bloßer Debattierklub war, bestehend aus einer Anzahl Gimpel, die sich von den Regierungen als parlamentarische Marionetten mißbrauchen ließen, um zur Belustigung der Krämer und Handwerker kleiner Staaten und Städte ein Schauspiel zu geben, solange man es für angezeigt hielt, die Aufmerksamkeit dieser Herrschaften abzulenken. Wie lange man das für angezeigt hielt, werden wir bald sehen. Aber es ist eine bemerkenswerte Tatsache, daß unter all den „hervorragenden" Männern dieser Versammlung nicht ein einziger war, der auch nur die geringste Ahnung von der Rolle hatte, die man sie spielen ließ, und daß bis auf den heutigen Tag Exmitglieder des Frankfurter Klubs immer noch Organe für das Erfassen geschichtlicher Vorgänge haben, die nur ihnen eigen sind.

(Erschienen in der „New York Daily Tribune" vom 17. April 1852.)

XIV

Die Wiederherstellung der Ordnung
Reichstag und preußische Kammern

London, April 1852

Die ersten Monate des Jahres 1849 wurden von der österreichischen und preußischen Regierung dazu benutzt, die im Oktober und November des Vorjahres errungenen Vorteile weiter zu verfolgen. Der österreichische Reichstag hatte seit der Einnahme Wiens nur mehr ein Schattendasein in dem kleinen mährischen Landstädtchen Kremsier geführt. Hier ereilte die slawischen Abgeordneten, die mitsamt ihren Wählern hauptsächlich dazu beigetragen hatten, die österreichische Regierung aus ihrer tiefen Erniedrigung wieder emporzuheben, eine einzigartige Züchtigung für ihren Verrat an der europäischen Revolution. Kaum hatte die Regierung ihre Kraft wiedererlangt, da begann sie den Reichstag und seine slawische

Mehrheit mit der größten Verachtung zu behandeln, und als nach den ersten Erfolgen der kaiserlichen Waffen eine rasche Beendigung des Kriegs in Ungarn zu erwarten stand, wurde der Reichstag am 4. März aufgelöst und seine Abgeordneten mit Waffengewalt auseinandergetrieben. Jetzt erkannten die Slawen endlich, daß man sie zum Narren gehalten, und jetzt erhoben sie den Ruf: „Auf nach Frankfurt, laßt uns dort die Opposition weiterbetreiben, die uns hier unmöglich gemacht wird!" Aber jetzt war es zu spät, und die bloße Tatsache, daß sie keine andere Wahl mehr hatten, als sich still zu verhalten oder in die machtlose Frankfurter Versammlung einzutreten — diese Tatsache allein bewies ihre völlige Hilflosigkeit zur Genüge.

So endeten für jetzt und höchstwahrscheinlich für immer die Versuche der Slawen Deutschlands, wieder zu einem selbständigen nationalen Dasein zu gelangen. Zersplitterte Reste zahlreicher Nationen, deren Nationalität und politische Lebenskraft längst erloschen war und die sich daher seit beinahe einem Jahrtausend gezwungen sahen, den Spuren einer stärkeren Nation zu folgen, die sie überwunden, wie die Walliser in England, die Basken in Spanien, die Niederbretonen in Frankreich und in neuerer Zeit die spanischen und französischen Kreolen in den neuerdings von den Angloamerikanern besetzten Teilen Nordamerikas, — diese sterbenden Völkerstämme, die Böhmen, Kärntner, Dalmatiner usw., hatten versucht, sich die allgemeine Verwirrung des Jahres 1848 zunutze zu machen, um den politischen Status quo von Anno Domini 800 wiederherzustellen. Die Geschichte eines Jahrtausends müßte ihnen gezeigt haben, daß ein solcher Rückschritt nicht möglich war; daß, wenn das ganze Gebiet östlich der Elbe und der Saale einstmals von miteinander verwandten Slawen bevölkert war, diese Tatsache nur die geschichtliche Tendenz und die physische und intellektuelle Fähigkeit der deutschen Nation bewies, ihre alten östlichen Nachbarn zu unterwerfen, aufzusaugen und sich zu assimilieren; daß diese absorbierende Tendenz der Deutschen stets eines der mächtigsten Mittel war und noch ist, wodurch die westeuropäische Zivilisation in Osteuropa verbreitet wurde, daß diese Tendenz erst dann aufhören konnte, als der Prozeß der Germanisierung auf die Grenze starker, geschlossener, ungebrochener Nationen stieß, die imstande waren, ein selbständiges nationales Leben zu führen wie die Ungarn und in gewissem Grade

103

die Polen; und daß es deshalb das natürliche, unvermeidliche Schicksal dieser sterbenden Nationen war, diesen Prozeß der Auflösung und Aufsaugung durch ihre stärkeren Nachbarn sich vollenden zu lassen. Das ist allerdings keine sehr erfreuliche Aussicht für den nationalen Ehrgeiz der panslawistischen Schwärmer, die es fertigbrachten, einen Teil der Böhmen und Südslawen in Bewegung zu setzen; aber können sie erwarten, die Geschichte werde tausend Jahre zurückschreiten, einigen schwindsüchtigen Völkerschaften zuliebe, die auf den von ihnen bewohnten Gebieten überall mitten unter Deutschen und in deutscher Umgebung leben, die seit fast unvordenklichen Zeiten für jede Äußerung kulturellen Lebens keine andere Sprache haben als die deutsche und der grundlegenden Voraussetzungen jeder nationalen Existenz ermangeln, größerer Volkszahl und Geschlossenheit des Gebiets? Daher prallte die panslawistische Welle, unter der sich überall in den slawischen Gegenden Deutschlands und Ungarns das Streben nach Wiederherstellung der Unabhängigkeit all dieser ungezählten kleinen Nationen verbarg, überall mit der revolutionären Bewegung Europas zusammen; und mochten die Slawen auch vorgeben, für die Freiheit zu kämpfen, so waren sie doch (mit Ausnahme des demokratischen Teils der Polen) unwandelbar auf seiten des Despotismus und der Reaktion zu finden. So war es in Deutschland, so war es in Ungarn und hier und da auch in der Türkei. Verräter an der Sache des Volkes, Helfershelfer und Hauptstützen des Ränkespiels der österreichischen Regierung, brachten sie sich durch ihr Verhalten bei allen revolutionären Nationen in Acht und Bann. Und obwohl die Masse des Volkes sich nirgends an dem kleinlichen Gezänk über Nationalitäten beteiligte, das die panslawistischen Führer anzettelten, schon aus dem einfachen Grunde, weil sie zu unwissend war, wird es doch für immer unvergessen bleiben, daß in Prag, einer halbdeutschen Stadt, Scharen slawischer Fanatiker jubelnd den Ruf aufnahmen: „Lieber die russische Knute als die deutsche Freiheit!" Nachdem ihre erste Anstrengung 1848 nutzlos verpufft war und nach der Lehre, die ihnen die österreichische Regierung erteilte, ist kaum anzunehmen, daß sie bei späterer Gelegenheit einen neuen Versuch unternehmen. Aber wenn sie noch einmal versuchen sollten, sich unter ähnlichen Vorwänden mit den Mächten der Konterrevolution zu verbinden, so ist die Pflicht Deutschlands klar. Kein Land, das sich im Zustand der Revolution und im

Krieg mit dem Ausland befindet, kann eine Vendée[1] in seinem eigenen Innern dulden.

Auf die vom Kaiser bei Auflösung des Reichstags erlassene Verfassung brauchen wir nicht zurückzukommen, denn sie ist niemals praktisch in Wirksamkeit getreten und jetzt bereits völlig beseitigt. Der Absolutismus ist in Österreich seit dem 4. März 1849 in jeder Beziehung vollständig wiederhergestellt.

In Preußen traten im Februar die Kammern zusammen, um die vom König erlassene neue Verfassung zu bestätigen und zu revidieren. Sie tagten etwa sechs Wochen, unterwürfig und demütig genug in ihrem Verhalten gegenüber der Regierung, aber doch nicht ganz so gefügig, wie der König und seine Minister sie haben wollten. Deshalb wurden sie bei der ersten passenden Gelegenheit aufgelöst.

Damit war man fürs erste in Österreich wie in Preußen der Fesseln der parlamentarischen Kontrolle ledig. Die beiden Regierungen vereinigten jetzt alle Machtfülle in sich und konnten sie überall einsetzen, wo es gerade gebraucht wurde, Österreich in Ungarn und Italien, Preußen in Deutschland. Denn auch Preußen rüstete zu einem Feldzug, durch den die „Ordnung" in den kleineren Staaten wiederhergestellt werden sollte.

Nachdem jetzt in den beiden großen Mittelpunkten der Bewegung in Deutschland, in Wien und Berlin, die Konterrevolution wieder das Heft in der Hand hatte, blieben nur die kleineren Staaten, in denen der Kampf noch nicht entschieden war, obgleich sich die Waage dort immer mehr zuungunsten der Revolution senkte. Diese kleineren Staaten hatten, wie schon bemerkt, einen gemeinsamen Mittelpunkt in der Frankfurter Nationalversammlung gefunden. Nun war aber diese sogenannte Nationalversammlung, mochte auch ihr reaktionärer Charakter längst so offenkundig geworden sein, daß das Volk in Frankfurt selbst die Waffen gegen sie erhob, ihrem Ursprung nach doch mehr oder weniger revolutionärer Natur; sie nahm im Januar eine abnorme, revolutionäre Stellung ein. Ihre Zuständigkeit war niemals abgegrenzt worden, und schließlich hatte sie sich zu dem — von den größeren Staaten allerdings niemals anerkannten — Ent-

---

[1] *Vendée* — Departement in der Provinz Poitou, im westlichen Frankreich, z. Z. der Revolution 1789—1792 Herd der konterrevolutionären Aufstände, die sich auf die Bauernschaft dieses ökonomisch rückständigen Gebiets stützten. *Die Red.*

schluß aufgerafft, ihren Beschlüssen Gesetzeskraft beizulegen. Unter diesen Umständen, und da die konstitutionell-monarchistische Partei infolge des Wiedererstarkens des Absolutismus ihre Stellung völlig verändert sah, ist es nicht verwunderlich, daß die liberale, monarchistische Bourgeoisie fast in ganz Deutschland ihre letzte Hoffnung auf die Mehrheit dieser Versammlung setzte, ebenso wie das Kleinbürgertum, der Kern der Demokratischen Partei, in seiner wachsenden Bedrängnis sich um die Minderheit der gleichen Körperschaft scharte, die in der Tat die letzte geschlossene parlamentarische Phalanx der Demokratie darstellte. Auf der andern Seite erkannten die größeren Regierungen und besonders die preußische immer mehr die Unvereinbarkeit einer solchen regelwidrigen, aus Wahlen hervorgegangenen Körperschaft mit dem wiederhergestellten monarchistischen System in Deutschland, und wenn sie nicht sofort ihre Auflösung erzwangen, so nur darum, weil die Zeit dazu noch nicht gekommen war und weil Preußen sie vorher noch zur Förderung seiner eigenen ehrgeizigen Pläne ausnutzen wollte.

Inzwischen verfiel diese klägliche Versammlung selbst in immer größere Verwirrung. Ihre Deputationen und Kommissare waren in Wien wie in Berlin mit der größten Verachtung behandelt, eines ihrer Mitglieder, trotz seiner parlamentarischen Unverletzlichkeit, in Wien als gemeiner Empörer hingerichtet worden. Ihre Erlasse wurden nirgends beachtet; wenn die größeren Staaten sie überhaupt zur Kenntnis nahmen, so nur in Protestnoten, die der Versammlung das Recht bestritten, Gesetze anzunehmen und Beschlüsse zu fassen, die für ihre Regierungen bindend seien. Das Vertretungsorgan der Versammlung, die Zentrale Exekutivgewalt, war mit fast allen Kabinetten Deutschlands in diplomatische Händel verwickelt, und trotz aller ihrer Bemühungen konnten weder die Versammlung noch die Zentralregierung Österreich oder Preußen dazu bringen, sich über ihre letzten Absichten, Pläne und Forderungen auszusprechen. Der Versammlung begann schließlich so viel einzuleuchten, daß sie sich alle Macht hatte entgleiten lassen, daß sie Österreich und Preußen auf Gnade und Ungnade ausgeliefert war und daß sie, wenn sie überhaupt eine Bundesverfassung für Deutschland zustande bringen wollte, sofort und allen Ernstes an diese Aufgabe herangehen mußte. Und viele ihrer schwankenden Mitglieder erkannten jetzt ebenfalls klar, daß sie von den Regierungen nach allen Regeln der Kunst zum

Narren gehalten worden waren. Aber was konnten sie bei ihrer Ohnmacht jetzt tun? Der einzige Schritt, der sie retten konnte, war der schleunige, entschiedene Übergang in das Lager des Volkes; indes war selbst der Erfolg eines solchen Schrittes mehr als zweifelhaft; und bei alledem, wo waren in diesem hilflosen Haufen unentschlossener, kurzsichtiger, aufgeblasener Geschöpfe, die, wenn der ewige Lärm widerspruchsvoller Gerüchte und diplomatischer Noten sie völlig betäubte, ihren einzigen Trost und Halt in der endlos wiederholten Versicherung suchten, daß sie die besten, die größten, die weisesten Männer des Landes seien, die allein Deutschland retten könnten — wo waren, fragen wir, unter diesen Jammergestalten, die ein einziges Jahr parlamentarischen Lebens zu völligen Idioten gemacht, wo waren da die Männer für einen raschen, kraftvollen Entschluß, geschweige denn für ein tatkräftiges, konsequentes Handeln?

Endlich ließ die österreichische Regierung die Maske fallen. In ihrer Verfassung vom 4. März erklärte sie Österreich zur unteilbaren Monarchie mit gemeinsamen Finanzen, einem gemeinsamen Zollsystem und gemeinsamem Heerwesen, womit sie alle trennenden Schranken zwischen den deutschen und nichtdeutschen Provinzen beseitigte. Diese Erklärung stand in schroffem Widerspruch zu den Resolutionen und den Artikeln der künftigen Reichsverfassung, die von der Frankfurter Versammlung bereits angenommen worden waren. Das war der Fehdehandschuh, den Österreich hinwarf, und der armen Versammlung blieb keine andere Wahl, als ihn aufzunehmen. Sie tat dies mit einigem Gepolter, was Österreich im Bewußtsein seiner Macht und der völligen Bedeutungslosigkeit der Versammlung ruhig hingehen lassen konnte. Und diese kostbare Vertretung des deutschen Volkes, wie sie sich selbst betitelte, wußte, um sich für diesen Schimpf an Österreich zu rächen, nichts Besseres zu tun, als sich, an Händen und Füßen gebunden, der preußischen Regierung zu Füßen zu werfen. So unglaublich es auch scheinen mag, sie beugte das Knie vor denselben Ministern, die sie als verfassungswidrig und volksfeindlich gebrandmarkt und auf deren Entlassung sie vergeblich gedrungen. Die Einzelheiten dieser schmachvollen Verhandlungen und tragikomischen Ereignisse, die ihnen folgten, werden den Gegenstand unseres nächsten Briefes bilden.

(Erschienen in der „New York Daily Tribune" vom 24. April 1852.)

XV

Preußens Triumph

London, Juli 1852

Wir kommen jetzt zu dem letzten Kapitel in der Geschichte der deutschen Revolution: dem Konflikt der Nationalversammlung mit den Regierungen der verschiedenen Staaten, namentlich Preußens, der Erhebung von Süd- und Westdeutschland und ihrer schließlichen Niederwerfung durch Preußen.

Wir haben bereits die Frankfurter Nationalversammlung an der Arbeit gesehen. Wir haben gesehen, wie sie von Österreich mit Fußtritten traktiert, von Preußen beschimpft, von den kleineren Staaten keiner Beachtung gewürdigt, von ihrer eigenen ohnmächtigen Zentral-„regierung", die sich ihrerseits von jedem noch so unbedeutenden Fürsten an der Nase herumführen ließ, zum Narren gehalten wurde. Zuletzt nahmen die Dinge jedoch eine für diese schwächliche, schwankende, abgeschmackte gesetzgebende Versammlung bedrohliche Gestalt an. Wohl oder übel mußte sie sich zu dem Schlusse bequemen, daß der „erhabene Gedanke der deutschen Einheit in seiner Verwirklichung bedroht sei", was nicht mehr und nicht weniger bedeutete, als daß die Frankfurter Versammlung mit allem, was sie getan und noch tun wollte, drauf und dran war, sich in blauen Dunst aufzulösen. Deshalb machte sie sich in heißem Bemühen an die Arbeit, um so schnell wie möglich ihr großes Werk zu vollenden, die „Reichsverfassung". Dabei ergab sich jedoch eine Schwierigkeit. Welcher Art sollte die Exekutivgewalt sein? Ein Vollzugsausschuß? Nein, das hätte, dachten sie in ihrer Weisheit, bedeutet, Deutschland zur Republik zu machen. Einen „Präsidenten"? Das wäre auf das gleiche hinausgelaufen. Also mußte man die alte Kaiserwürde wieder erneuern. Aber — da natürlich ein Fürst Kaiser werden sollte — wer sollte es sein? Natürlich keiner der dii minorum gentium [kleineren Götter] von Reuß-Greiz-Schleiz-Lobenstein-Ebersdorf bis Bayern; weder Österreich noch Preußen hätte sich das bieten lassen. Nur Österreich oder Preußen konnten es sein. Aber welches von den beiden? Kein Zweifel, wären die sonstigen Umstände günstiger gewesen, die erhabene Versammlung säße noch heute beisammen und diskutierte über dieses wichtige Dilemma, ohne zu einem Entschluß kommen zu können, hätte nicht die österreichische Regierung den Gordischen Knoten durchhauen und ihr die Mühe erspart.

Österreich wußte recht gut, daß von dem Augenblick, in dem es vor Europa wieder als Herr aller seiner Provinzen, als starke europäische Großmacht auftreten konnte, das Gesetz der politischen Schwerkraft ganz von selbst den Rest Deutschlands in seinen Machtbereich ziehen würde, ohne daß es dazu der Autorität bedurfte, die ihm eine von der Frankfurter Versammlung verliehene Kaiserkrone gewähren konnte. Österreich war viel stärker, viel freier in seinen Bewegungen, seit es die machtlose deutsche Kaiserkrone abgestreift, eine Krone, die seiner eigenen selbständigen Politik hinderlich war, ohne seiner Machtfülle auch nur ein Jota hinzuzufügen, in Deutschland wie im Ausland. Und gesetzt den Fall, daß Österreich sich in Italien und in Ungarn nicht mehr halten könnte, dann wäre es auch um seine Macht in Deutschland geschehen, und es könnte niemals wieder den Anspruch auf eine Krone erheben, die ihm entglitten, als es sich noch im Vollbesitz seiner Macht befand. Daher erklärte sich Österreich sofort gegen jede Auferstehung des Kaisertums und verlangte rundheraus die Wiederherstellung des Deutschen Bundestags, der einzigen deutschen Zentralregierung, die in den Verträgen von 1815 erwähnt und anerkannt war, und am 4. Mai 1849 erließ es jene Verfassung, die nichts anderes bedeutete als die Erklärung Österreichs zu einer unteilbaren, zentralisierten, selbständigen Monarchie, die etwas ganz anderes war als das Deutschland, das die Frankfurter Versammlung wiederaufrichten wollte.

Diese offene Kriegserklärung ließ den Frankfurter Neunmalweisen in der Tat keine andere Wahl, als Österreich aus Deutschland auszuschließen und aus dem Rest dieses Landes eine Art Bas Empire[1], ein „Kleindeutschland" zu schaffen, dessen ziemlich schäbiger Kaisermantel Seiner Majestät, dem König von Preußen, um die Schultern gelegt werden sollte. Das war, wie man sich erinnern wird, die Wiederbelebung eines alten Plans, den einige sechs oder sieben Jahre vorher eine Gesellschaft süd- und mitteldeutscher liberaler Doktrinäre ausgeheckt, die in den entwürdigenden Umständen, unter denen man jetzt ihre alte Schrulle als neuesten „Schachzug" zur Rettung des Vaterlandes wieder hervorholte, eine Fügung Gottes erblickten.

---

[1] Bezeichnung für das Oströmische (Byzantinische) Reich in der Zeit des Niedergangs. *Die Red.*

Die Versammlung brachte also im Februar und März 1849 die Debatte über die Reichsverfassung samt Grundrechten und Reichswahlgesetz zum Abschluß, jedoch nicht ohne sich in sehr vielen Punkten zu den widersprechendsten Konzessionen genötigt zu sehen — heute an die konservative oder, richtiger, reaktionäre Partei, morgen an die radikaleren Gruppen der Versammlung. Es war eine offenkundige Tatsache, daß die Führung der Versammlung, die früher in den Händen der Rechten und des rechten Zentrums (der Konservativen und Reaktionäre) gelegen, allmählich, wenn auch nur langsam, auf die Linke des Hauses, auf die Demokraten, überging. Die ziemlich fragwürdige Stellung der österreichischen Abgeordneten in einer Versammlung, die ihr Heimatland aus Deutschland ausgeschlossen hatte, in der sie aber gleichwohl auch weiterhin sitzen und abstimmen sollten, trug zu dieser Verschiebung ihres Gleichgewichts bei; daher befanden sich das linke Zentrum und die Linke mit Hilfe der österreichischen Stimmen schon Ende Februar sehr häufig in der Mehrheit, während an anderen Tagen die konservative Gruppe der Österreicher ganz plötzlich spaßeshalber mit der Rechten stimmte und dadurch den Ausschlag wieder zugunsten der anderen Seite gab. Ihre Absicht war, die Versammlung durch diese jähen Sprünge in Verruf zu bringen, was jedoch ganz unnötig war, da die Masse des Volkes von der völligen Hohlheit und Nichtigkeit all dessen, was von Frankfurt kam, längst überzeugt war. Welcher Art die Verfassung war, die mittlerweile bei solchem Hin- und Herspringen zustande kam, kann man sich unschwer vorstellen.

Die Linke der Versammlung — diese Elite und dieser Stolz des revolutionären Deutschland, wofür sie sich selbst hielt — war förmlich berauscht von den paar armseligen Erfolgen, die sie dank dem Wohlwollen oder, richtiger, Übelwollen einer Handvoll österreichischer Politiker davongetragen, die auf Veranlassung und im Interesse des österreichischen Despotismus handelten. Jedesmal, wenn die Frankfurter Versammlung einem Vorschlag, der auch nur im entferntesten an ihre eigenen keineswegs klar umrissenen Grundsätze erinnerte, in homöopathisch verdünnter Form eine Art Sanktion erteilte, verkündeten diese Demokraten, sie hätten Vaterland und Volk gerettet. Diese bedauernswerten Schwachköpfe waren im ganzen Verlauf ihres meist recht unbedeutenden Lebens so wenig daran gewöhnt, etwas zu erreichen, was einem Erfolg ähnlich sah, daß sie tatsächlich glaubten, ihre lumpigen Zusatzanträge, die mit zwei oder drei Stimmen Mehrheit angenommen wurden, würden das Antlitz Europas verändern. Seit Beginn ihrer parlamentarischen Laufbahn waren sie mehr als jede andere Fraktion der Versammlung von der unheilbaren Krankheit des *parlamentarischen Kretinismus* befallen, einem Leiden, das seine unglücklichen Opfer mit der erhebenden Überzeugung erfüllt, daß die ganze Welt, ihre Vergangenheit und ihre Zukunft, durch die Stimmenmehrheit jener besonderen Vertretungskörperschaft gelenkt und bestimmt wird, die die Ehre hat, sie zu ihren Mitgliedern zu zählen, und daß alles und jedes, was außerhalb der Mauern ihres Hauses vor sich geht — Kriege, Revolutionen, Bahnbauten, die Kolonisierung ganzer neuer Erdteile, kalifornische Goldfunde, zentralamerikanische Kanäle, russische Armeen und was sonst irgend Anspruch erheben kann, die Geschicke der Menschheit zu beeinflussen —, daß all das nichts ist im Vergleich mit jenen unermeßlich wichtigen Ereignissen, die sich um die bedeutungsvolle Frage drehen, der das hohe Haus, gleichviel, worum es sich handelt, gerade in diesem Augenblick seine Aufmerksamkeit widmet. Dadurch, daß es der demokratischen Fraktion der Versammlung gelang, ein paar ihrer Zauberformeln in die „Reichsverfassung" einzuschmuggeln, fühlte sie sich verpflichtet, sich vor allen andern für sie einzusetzen, obwohl sie in jedem wesentlichen Punkt ihren eigenen oft verkündeten Grundsätzen direkt ins Gesicht schlug, und als dieses Zwittergeschöpf schließlich von seinen eigentlichen Erzeugern aufgegeben und den Demokraten vermacht wurde, nahmen sie die Erbschaft an und hielten wacker fest an dieser *monarchischen* Verfassung, selbst im Gegensatz zu jenen, die *jetzt* ihre eigenen *republikanischen* Grundsätze verkündeten.

Man muß jedoch zugeben, daß der Widerspruch nur ein scheinbarer war. Der unbestimmte, widerspruchsvolle, unausgereifte Charakter der Reichsverfassung spiegelte getreu die unreifen, verworrenen, einander widersprechenden politischen Ideen dieser Herren Demokraten wider. Und falls ihre eigenen Reden und Schriften — soweit sie schreiben konnten — das nicht genügend bewiesen, so würden ihre Handlungen diesen Beweis erbringen; denn unter vernünftigen Menschen versteht es sich von selbst, daß man einen Menschen nicht nach seinen Worten, sondern nach seinen Taten beurteilt, nicht nach dem, als was er sich ausgibt, sondern nach dem, was er tut und was er wirklich ist; und die Taten dieser Helden der deutschen Demokratie sprechen, wie wir des weiteren noch sehen werden, laut genug für sich.

Indessen, die Reichsverfassung mit all ihrem Drum und Dran wurde schließlich angenommen; und am 28. März wurde der König von Preußen mit 290 Stimmen bei 248 Enthaltungen und in Abwesenheit von etwa 200 Abgeordneten zum Kaiser von Deutschland (minus Österreich) gewählt. Die Ironie der Geschichte war vollständig: die Kaiserposse, aufgeführt von Friedrich Wilhelm IV. in den Straßen des erstaunten Berlin, drei Tage nach der Revolution vom 18. März 1848, in einem Zustand, der anderswo unter das Trunkenheitsgesetz fiele[1] — diese widerliche Posse erhielt genau ein Jahr später die Sanktion der Versammlung, die angeblich ganz Deutschland vertrat. Das also war das Ergebnis der deutschen Revolution!

(*Erschienen in der „New York Daily Tribune" vom 27. Juli 1852.*)

XVI

Die Nationalversammlung und die Regierungen

London, Juli 1852

Nachdem die Frankfurter Nationalversammlung den König von Preußen zum Kaiser von Deutschland (minus Österreich) erkoren, sandte sie eine Abordnung nach Berlin, um ihm die Krone anzubieten, und vertagte sich dann. Am 3. April empfing Friedrich Wilhelm die Abgeordneten. Er erklärte ihnen, daß er zwar das Recht des Vorrangs von allen anderen Fürsten Deutschlands, den ihm der Beschluß der Volksvertreter verliehen, annehme, daß er aber die Kaiserkrone nicht entgegennehmen könne, solange er nicht sicher sei, ob seine Oberhoheit und die Reichsverfassung, die ihm jene Rechte übertrage, vor den übrigen Fürsten anerkannt werde. Es sei Sache der deutschen Regierungen, fügte er hinzu, zu prüfen, ob die Verfassung derart sei, daß sie von ihnen gutgeheißen werden könne. Auf jeden Fall, schloß er, ob Kaiser oder nicht, werde man ihn im-

---

[1] Der König war halb betrunken durch die Straßen Berlins geritten und hatte dem Volk verkündet, er sei gewillt, sich an die Spitze der Bewegung für die Schaffung eines einigen Deutschland zu stellen. *Die Red.*

mer bereit finden, sein Schwert gegen jeden äußeren oder inneren Feind zu ziehen. Wir werden bald sehen, wie er dieses Versprechen in einer Art und Weise hielt, die die Nationalversammlung einigermaßen verblüffte.

Die Frankfurter Neunmalweisen kamen nach gründlicher diplomatischer Untersuchung zuletzt zu dem Schluß, diese Antwort komme einer Ablehnung der Krone gleich. Sie beschlossen daher (am 12. April), die Reichsverfassung sei Landesgesetz und müsse aufrechterhalten werden; und da sie sich gar keinen Rat wußten, wählten sie einen Dreißigerausschuß, der einen Vorschlag ausarbeiten sollte, wie die Verfassung durchgeführt werden könne.

Dieser Beschluß gab das Zeichen für den Konflikt, der jetzt zwischen der Frankfurter Versammlung und den deutschen Regierungen ausbrach. Die Bourgeoisie und namentlich das Kleinbürgertum erklärten sich ganz plötzlich für die neue Frankfurter Verfassung. Sie konnten den Augenblick nicht mehr erwarten, der „die Revolution abschließen" sollte. In Österreich und Preußen war die Revolution vorläufig durch das Eingreifen der bewaffneten Macht zum Abschluß gelangt. Die erwähnten Klassen hätten eine weniger gewaltsame Methode der Durchführung dieser Operation vorgezogen, aber es blieb ihnen keine andere Wahl; die Sache war geschehen, und sie mußten sich mit Anstand aus der Affäre ziehen, ein Entschluß, den sie unverweilt faßten und höchst heroisch durchführten. In den kleineren Staaten, wo die Dinge verhältnismäßig glatt vor sich gegangen waren, war die Bourgeoisie längst in jene äußerlich blendende, aber ergebnislose, weil machtlose parlamentarische Agitation zurückverfallen, die ihrem Wesen so trefflich entsprach. Betrachtete man also die verschiedenen deutschen Staaten jeden für sich, so schienen sie die neue, endgültige Form erlangt zu haben, von der man annahm, sie werde ihnen fortan das Einlenken in den Pfad friedlicher konstitutioneller Entwicklung ermöglichen. Nur eine Frage war offen geblieben, die Frage der neuen politischen Organisation des Deutschen Bundes. Und die unverzügliche Lösung dieser Frage, der einzigen, die noch Gefahren zu bergen schien, hielt man für eine Notwendigkeit. Daher der Druck, den die Bourgeoisie auf die Frankfurter Versammlung ausübte, um sie zu bewegen, die Verfassung so schnell wie möglich fertigzustellen; daher die Entschlossenheit der oberen wie der unteren Schichten der Bourgeoisie, diese Verfassung, mochte sie sein wie sie wollte, hinzunehmen und für sie einzutreten, um unverzüglich einen geordneten Zustand zu schaffen. Von allem Anfang an also entsprang die Agitation für die Reichsverfassung einem reaktionären Empfinden und ging von jenen Klassen aus, die der Revolution seit langem überdrüssig waren.

Die Sache hatte aber auch noch eine andere Seite. Die ersten, grundlegenden Prinzipien der künftigen deutschen Verfassung waren in den ersten Monaten des Frühjahrs und Sommers 1848 beschlossen worden, zu einer Zeit, als die Volksbewegung noch in vollem Gange war. Die zu jener Zeit gefaßten Beschlüsse, die *damals* freilich ganz reaktionär waren, erschienen jetzt, nach den Willkürakten der österreichischen und preußischen Regierung, außerordentlich liberal, ja demokratisch. Der Vergleichsmaßstab war ein anderer geworden. Die Frankfurter Versammlung konnte, ohne moralisch Selbstmord zu begehen, diese einmal beschlossenen Bestimmungen nicht streichen und die Reichsverfassung nicht nach dem Muster jener Verfassungen gestalten, die die Regierungen Österreichs und Preußens mit dem Schwert in der Hand diktiert hatten. Überdies hatte sich, wie wir gesehen, die Mehrheit in der Nationalversammlung verschoben, und der Einfluß der liberalen und demokratischen Partei war im Ansteigen. Die Reichsverfassung zeichnete sich also nicht nur dadurch aus, daß sich ihr Ursprung anscheinend ausschließlich vom Volke herleitete, sondern sie war auch bei all ihren Widersprüchen gleichzeitig noch die liberalste Verfassung in ganz Deutschland. Ihr größter Fehler war, daß sie bloß ein Stück Papier war, ohne die Macht, ihren Bestimmungen Geltung zu verschaffen.

Unter diesen Umständen war es natürlich, daß die sogenannte Demokratische Partei, das heißt die Masse des Kleinbürgertums, sich an die Reichsverfassung klammerte. Diese Klasse war in ihren Forderungen immer fortschrittlicher gewesen als die liberale, monarchisch-konstitutionelle Bourgeoisie; sie war kühner aufgetreten, hatte nicht selten mit bewaffnetem Widerstand gedroht und mit Versprechungen um sich geworfen, Gut und Blut im Kampf für die Freiheit zu opfern; sie hatte aber schon vielfach bewiesen, daß sie in der Stunde der Gefahr nirgends zu finden war und daß ihr niemals wohler zumute war als am Tage nach einer entscheidenden Niederlage, wo sie, mochte auch alles verloren sein, wenigstens den Trost hatte, zu wissen, daß die Sache jetzt so oder so erledigt *war*.

Während somit die Zustimmung der großen Bankiers, Fabrikanten und Kaufleute zurückhaltenderen Charakter trug, mehr in der Art einer einfachen Demonstration zugunsten der Frankfurter Verfassung, gab sich die Klasse unmittelbar unter ihnen, unsere wackeren demokratischen Kleinbürger, viel großartiger und verkündete wie gewöhnlich, sie werde eher ihren letzten Blutstropfen vergießen, als die Reichsverfassung fallen lassen.

Unterstützt von diesen beiden Parteien, den Bourgeois, die für die konstitutionelle Monarchie waren, und den mehr oder weniger demokratischen Kleinbürgern, gewann die Agitation für die sofortige Einführung der Reichsverfassung rasch an Boden und fand ihren stärksten Ausdruck in den Parlamenten der einzelnen Staaten. Die Kammern in Preußen, Hannover, Sachsen, Baden und Württemberg erklärten sich für sie. Der Kampf zwischen den Regierungen und der Frankfurter Versammlung nahm bedrohliche Gestalt an.

Die Regierungen handelten indessen rasch. Die preußischen Kammern wurden aufgelöst, was in Widerspruch zur Verfassung stand, da sie die preußische Verfassung zu revidieren und zu bestätigen hatten; in Berlin kam es zu Krawallen, die von der Regierung absichtlich provoziert wurden; und am nächsten Tag, am 28. April, erließ das preußische Ministerium eine Zirkularnote, in der die Reichsverfassung als ein höchst anarchisches und revolutionäres Dokument hingestellt wurde, das die deutschen Regierungen umgestalten und reinigen müßten. Preußen bestritt also rundheraus jene souveräne verfassunggebende Gewalt, deren sich die weisen Männer von Frankfurt immer gerühmt, die sie aber nie sichergestellt hatten. So wurde denn ein Kongreß von Fürsten, eine Neubelebung des alten Bundestags, berufen, der über die bereits als Gesetz verkündete Verfassung zu Gericht sitzen sollte. Und zur gleichen Zeit konzentrierte Preußen Truppen bei Kreuznach, drei Tagemärsche von Frankfurt entfernt, und forderte die kleineren Staaten auf, seinem Beispiel zu folgen und ebenfalls ihre Kammern aufzulösen, sobald sie sich für die Frankfurter Versammlung erklärten. Dieses Beispiel wurde von Hannover und Sachsen schleunigst befolgt.

Offensichtlich war eine Entscheidung des Kampfes mit Waffengewalt unvermeidlich geworden. Die Feindseligkeit der Regierungen, die Gärung im Volke kamen von Tag zu Tag heftiger zum Ausdruck. Überall wurde das Militär von den demokratischen Bürgern bearbeitet, und in Süddeutschland mit großem Erfolg. Überall wurden große Massenversammlungen abgehalten, auf denen beschlossen wurde, für die Reichsverfassung und die Nationalversammlung einzutreten, nötigenfalls mit Waffengewalt. In Köln fand eine Versammlung von Abgeordneten aller Gemeinderäte Rheinpreußens zu dem gleichen Zweck statt. In der Pfalz, im Bergischen, in Fulda, in Nürnberg, im Odenwald kamen die Bauern in hellen Scharen zusammen und ließen sich von der Begeisterung mitreißen. Um dieselbe Zeit löste sich die französische Konstituante auf, und die Vorbereitungen zur Neuwahl gingen unter heftiger Erregung vor sich, während an der östlichen Grenze Deutschlands die Ungarn im Verlauf eines Monats durch eine Reihe glänzender Siege die Hochflut der österreichischen Invasion von der Theiß an die Leitha[1] zurückdrängten und man täglich erwartete, sie würden Wien im Sturme nehmen. Die Einbildungskraft des Volkes wurde somit von allen Seiten bis zum Siedegrad erhitzt, und die aggressive Politik der Regierung nahm mit jedem Tage bestimmtere Gestalt an; daher war ein gewaltsamer Zusammenstoß unvermeidlich, und nur feige Schwachköpfigkeit konnte sich einreden, man könne auf friedlichem Weg um den Kampf herumkommen. Aber diese feige Schwachköpfigkeit war in der Frankfurter Versammlung ausgiebigst vertreten.

(Erschienen in der „New York Daily Tribune" vom 19. August 1852.)

XVII

Der Aufstand

London, August 1852

Der unvermeidliche Konflikt zwischen der Frankfurter Nationalversammlung und den Regierungen der deutschen Staaten brach in den ersten Maitagen 1849 endlich in offene Feindseligkeiten aus. Die österreichischen Abgeordneten, von ihrer Regierung abberufen, hatten die Versammlung bereits verlassen und waren nach Hause gefahren, mit Ausnahme einiger Mitglieder der demokratischen Lin-

---

[1] *Theiß* — ein Fluß, der das alte Ungarn in nordsüdlicher Richtung durchschneidet. *Leitha* — Grenzfluß zwischen Ungarn und Österreich. *Die Red.*

ken. Die konservativen Mitglieder, die merkten, welche Wendung die Dinge zu nehmen drohten, zogen sich in ihrer überwiegenden Mehrheit sogar schon zurück, noch ehe sie von ihren betreffenden Regierungen dazu aufgefordert wurden. Ganz abgesehen von den Gründen, die, wie in unseren früheren Artikeln dargelegt, den Einfluß der Linken stärkten, genügte somit die bloße Tatsache, daß die Mitglieder der Rechten von ihren Posten desertierten, um die frühere Minderheit in die Mehrheit der Versammlung zu verwandeln. Die neue Mehrheit, die sich früher ein solches Glück nicht einmal im Traum hätte einfallen lassen, hatte ihre Oppositionsstellung dazu benutzt, gegen die Schwäche, die Unentschlossenheit, die Lässigkeit der alten Mehrheit und ihres Reichsverwesers Gift und Galle zu speien. Jetzt war *sie* auf einmal dazu berufen, an die Stelle der alten Mehrheit zu treten. *Sie* sollte jetzt zeigen, was sie leisten könne. Natürlich, ihre Herrschaft konnte nur eine Herrschaft der Energie, Entschlossenheit und Tatkraft sein. *Sie*, die Elite Deutschlands, würde bald imstande sein, den senilen Reichsverweser und seine schwankenden Minister vorwärtszutreiben, und falls das nicht möglich sein sollte, würden sie — daran konnte kein Zweifel bestehen — kraft des souveränen Rechts des Volkes jene unfähige Regierung absetzen und durch eine energische, unermüdliche Exekutivgewalt ersetzen, die Deutschlands Rettung gewährleisten würde. Arme Teufel! *Ihre* Regierung — wenn von Regierung die Rede sein kann, wo niemand gehorchte — fiel noch viel lächerlicher aus als selbst die ihrer Vorgänger.

Die neue Mehrheit erklärte, trotz aller Hindernisse müsse die Reichsverfassung durchgeführt werden, und zwar *sofort;* am nächsten 15. Juli solle das Volk die Abgeordneten zum neuen Reichstag wählen, und dieser solle darauf am 15. August in Frankfurt zusammentreten. Das war nun aber eine offene Kriegserklärung an jene Regierungen, die die Reichsverfassung nicht anerkannt hatten, darunter in erster Reihe Preußen, Österreich und Bayern, die mehr als drei Viertel der Bevölkerung Deutschlands umfaßten; eine Kriegserklärung, die von ihnen eiligst angenommen wurde. Auch Preußen und Bayern beriefen jetzt die Abgeordneten ab, die von ihren Gebieten nach Frankfurt entsandt worden waren, und beschleunigten ihre militärischen Vorbereitungen gegen die Nationalversammlung. Auf der anderen Seite nahmen die (außerparlamentarischen) Demonstrationen der Demokratischen Partei zugunsten der Reichsverfassung und der Nationalversammlung einen immer stürmischeren und gewaltsameren Charakter an, und die von Männern der extremsten Partei geführte Masse der Arbeiter war bereit, zu den Waffen zu greifen für eine Sache, die, wenn sie auch nicht ihre eigene war, ihnen wenigstens eine Möglichkeit gab, ihren Zielen durch die Säuberung Deutschlands von seinem alten monarchischen Ballast etwas näherzukommen. So standen sich Volk und Regierung überall kampfbereit gegenüber, der Ausbruch war unvermeidlich; die Mine war geladen, und ein Funke genügte, um sie zur Explosion zu bringen. Die Auflösung der Kammer in Sachsen, die Einberufung der Landwehr in Preußen, der offene Widerstand der Regierungen gegen die Reichsverfassung waren solche Funken; sie fielen, und im Nu stand das ganze Land in Flammen. In Dresden bemächtigte sich das Volk am 4. Mai siegreich der Stadt und verjagte den König, während sämtliche umliegenden Bezirke den Aufständischen Verstärkungen sandten. In der Rheinprovinz und in Westfalen weigerte sich die Landwehr, auszumarschieren, besetzte die Zeughäuser und bewaffnete sich zum Schutz der Reichsverfassung. In der Pfalz bemächtigte sich das Volk der bayrischen Regierungsbeamten und der öffentlichen Gelder und setzte einen Verteidigungsausschuß ein, der die Provinz unter den Schutz der Nationalversammlung stellte. In Württemberg zwang das Volk den König, die Reichsverfassung anzuerkennen; und in Baden zwang die Armee im Verein mit dem Volk den Großherzog zur Flucht und errichtete eine Provinzialregierung. In anderen Teilen Deutschlands wartete das Volk nur auf das entscheidende Zeichen der Nationalversammlung, um zu den Waffen zu eilen und sich ihr zur Verfügung zu stellen.

Die Lage der Nationalversammlung war weit günstiger, als nach ihrer unrühmlichen Vergangenheit erwartet werden konnte. Die westliche Hälfte Deutschlands hatte ihretwegen zu den Waffen gegriffen; die Truppen waren überall schwankend; in den kleineren Staaten standen sie der Bewegung zweifellos freundlich gegenüber. Österreich war durch den siegreichen Vormarsch der Ungarn gelähmt, und Rußland, diese Reserve der deutschen Regierungen, spannte alle Kräfte an, um Österreich gegen die Heere der Magyaren zu unterstützen. Es galt nur noch Preußen zu bezwingen, und bei den revolutionären Sympathien, die in diesem Lande vorhanden waren, bestand zweifellos Aussicht, dies Ziel zu erreichen. So hing alles vom Verhalten der Nationalversammlung ab.

Nun ist der Aufstand eine Kunst, genau wie der Krieg oder irgendeine andere Kunst, und gewissen praktischen Regeln unterworfen, deren Vernachlässigung zum Verderben der Partei führt, die sich ihrer schuldig macht. Diese Regeln, logische Schlußfolgerungen aus der Natur der Parteien und der Umstände, mit denen man es in einem solchen Falle zu tun hat, sind so klar und einfach, daß die kurze Erfahrung von 1848 die Deutschen ziemlich bekannt mit ihnen gemacht hat. Erstens darf man nie mit dem Aufstand spielen, wenn man nicht fest entschlossen ist, alle Konsequenzen des Spiels auf sich zu nehmen. Der Aufstand ist eine Rechnung mit höchst unbestimmten Größen, deren Wert sich jeden Tag ändern kann; die Kräfte des Gegners haben alle Vorteile der Organisation, der Disziplin und der hergebrachten Autorität auf ihrer Seite; kann man ihnen nicht mit starker Überlegenheit entgegentreten, so ist man geschlagen und vernichtet. Zweitens, hat man einmal den Weg des Aufstands beschritten, so handle man mit der größten Entschlossenheit und ergreife die Offensive. Die Defensive ist der Tod jedes bewaffneten Aufstands; er ist verloren, noch bevor er sich mit dem Feinde gemessen hat. Überrasche deinen Gegner, solange seine Kräfte zerstreut sind, sorge täglich für neue, wenn auch noch so kleine Erfolge; erhalte dir das moralische Übergewicht, das der Anfangserfolg der Erhebung dir verschafft hat; ziehe so die schwankenden Elemente auf deine Seite, die immer dem stärksten Antrieb folgen und sich immer auf die sicherere Seite schlagen; zwinge deine Feinde zum Rückzug, noch ehe sie ihre Kräfte gegen dich sammeln können; um mit den Worten Dantons, des größten bisher bekannten Meisters revolutionärer Taktik zu sprechen: de l'audace, de l'audace, encore de l'audace! [Kühnheit, Kühnheit, und noch einmal Kühnheit!][1]

[1] Diese Hinweise von Marx und Engels, die durch die gesamten Erfahrungen des Kampfes der Arbeiterklasse bestätigt worden sind, haben ihre Geltung bis jetzt behalten. Lenin und Stalin setzten bei der Führung des Oktoberkampfes im Jahre 1917 diese durch die Erfahrungen der folgenden Kämpfe des Proletariats, insbesondere durch die Erfahrung des Dezemberaufstands 1905 in Moskau, bereicherten „Regeln" glänzend in die Tat um. Siehe *Lenin*, „Marxismus und Aufstand", „Ratschläge eines Außenstehenden" und andere Artikel aus dem Jahre 1917. (*Lenin*, „Sämtl. Werke", Bd. XXI.) *Die Red.*

Was hatte also die Frankfurter Nationalversammlung zu tun, um dem sicheren Verderben zu entgehen, das ihr drohte? Vor allem mußte sie die Situation klar erfassen und sich überzeugen, daß sie keine andere Wahl mehr hatte, als sich entweder bedingungslos den Regierungen zu unterwerfen oder sich rückhaltslos und ohne Zaudern auf die Seite des bewaffneten Aufstands zu stellen. Zweitens mußte sie sich öffentlich zu all den Erhebungen bekennen, die bereits ausgebrochen, das Volk überall zum Schutz der Volksvertretung zu den Waffen rufen und alle Fürsten, Minister und jedermann, der es wagte, sich den Beauftragten des souveränen Volks zu widersetzen, für vogelfrei erklären. Drittens mußte sie sofort den deutschen Reichsverweser absetzen, eine starke, aktive, *rücksichtslose* Exekutivgewalt schaffen, aufständische Truppen zu ihrem unmittelbaren Schutz nach Frankfurt rufen und damit zugleich einen gesetzlichen Vorwand für das Umsichgreifen des Aufstands liefern, alle zu ihrer Verfügung stehenden Kräfte zu einer geschlossenen Einheit zusammenfassen, kurz, rasch und ohne Zögern jedes zu Gebote stehende Mittel benützen, um die eigene Stellung zu stärken und die des Gegners zu schwächen.

Von alledem taten die tugendhaften Demokraten in der Frankfurter Versammlung das gerade Gegenteil. Nicht damit zufrieden, den Dingen ihren Lauf zu lassen, gingen diese Biederen so weit, durch ihren Widerstand alle sich vorbereitenden Aufstandsbewegungen zu unterdrücken. Das tat z. B. Herr Karl Vogt in Nürnberg. Sie sahen zu, wie die Aufstände in Sachsen, im Rheinland und in Westfalen niedergeschlagen wurden, ohne ihnen anders beizustehen als durch einen nachträglichen, sentimentalen Protest gegen die gefühllose Brutalität der preußischen Regierung. Sie unterhielten einen geheimen diplomatischen Verkehr mit den Aufständischen in Süddeutschland, hüteten sich aber, sie durch offene Anerkennung zu unterstützen. Sie wußten, daß der Reichsverweser mit den Regierungen unter einer Decke steckte, und dennoch wandten sie sich an *ihn*, der sich die ganze Zeit nicht rührte, mit dem Verlangen, den Umtrieben dieser Regierungen entgegenzutreten. Die Reichsminister, alte Konservative, machten sich in jeder Sitzung über diese impotente Versammlung lustig, und sie ließen es sich gefallen. Und als Wilhelm Wolff, ein Abgeordneter aus Schlesien und einer der Redakteure der „Neuen Rheinischen Zeitung", sie aufforderte, den Reichsverweser außerhalb des Gesetzes zu stellen, den er mit Recht als den ersten und größten Reichsverräter bezeichnete, da wurde er von der einmütigen, tugendhaften Entrüstung dieser demokratischen Revolutionäre niedergebrüllt! Kurz, sie fuhren fort, zu parlieren, zu protestieren, zu proklamieren, zu diskutieren, hatten aber nie den Mut oder den Verstand, zu handeln. Mittlerweile rückten die feindlichen Truppen der Regierungen näher und näher, und ihre eigene Exekutivgewalt, der Reichsverweser, konspirierte eifrig mit den deutschen Fürsten über ihre rasche Beseitigung. So verlor diese verächtliche Versammlung selbst die letzte Spur von Ansehen; den Aufständischen, die sich zu ihrem Schutze erhoben, wurde sie völlig gleichgültig, und als sie schließlich ein schmähliches Ende nahm, verschied sie, wie wir noch sehen werden, ohne daß ihr ehrloser Abgang auch nur die mindeste Beachtung gefunden hätte.

(*Erschienen in der „New York Daily Tribune" vom 18. September 1852.*)

XVIII

Die Kleinbürger

London (ohne Datum)

In unserem letzten Artikel haben wir gezeigt, wie der Kampf zwischen den deutschen Regierungen auf der einen und dem Frankfurter Parlament auf der andern Seite schließlich eine solche Heftigkeit erreichte, daß in den ersten Maitagen ein großer Teil Deutschlands sich in offenem Aufstand erhob, erst Dresden, dann die bayrische Pfalz, Teile der preußischen Rheinprovinz und zuletzt Baden.

In allen diesen Fällen bestand der *wirklich kämpfende* Kern der Aufständischen, jener Kern, der zuerst zu den Waffen griff und sich mit den Truppen schlug, aus der *Arbeiterklasse der Städte*. Ein Teil der ärmeren Landbevölkerung, Landarbeiter und Kleinbauern, schloß sich ihnen im allgemeinen nach dem tatsächlichen Ausbruch des Kampfes an. Die Mehrzahl der jungen Männer aller Klassen unter der Kapitalistenklasse waren, wenigstens eine Zeitlang, in den Reihen der aufständischen Truppen zu finden, aber dieser ziemlich bunt zusammengewürfelte Haufe junger Leute lichtete sich sehr bald, als die Dinge eine etwas ernstere Wendung nahmen. Namentlich die

Studenten, diese „Vertreter der Intelligenz", wie sie sich gerne selbst bezeichneten, waren die ersten, die fahnenflüchtig wurden, soweit sie nicht durch Verleihung des Offiziersrangs zurückgehalten wurden, wozu sie sich natürlich sehr selten eigneten.

Die Arbeiterklasse beteiligte sich an diesem Aufstand, wie sie sich an jedem andern beteiligt hätte, von dem sie erwarten durfte, er werde einige Hindernisse auf ihrem Vormarsch zur politischen Macht und zur sozialen Revolution aus dem Wege räumen oder wenigstens die einflußreicheren, aber weniger mutigen Gesellschaftsklassen in eine entschiedenere, revolutionärere Richtung drängen, als sie bisher eingeschlagen. Die Arbeiterklasse griff zu den Waffen in dem vollen Bewußtsein, daß dieser Kampf in seiner unmittelbaren Zielsetzung nicht ihrer Sache diente; sie befolgte jedoch die für sie allein richtige Taktik, keiner Klasse, die (wie die Bourgeoisie im Jahre 1848) auf ihren Schultern emporgestiegen, die Festigung ihrer Klassenherrschaft zu gestatten, ohne mindestens dem Kampf des Proletariats für seine eigenen Interessen freie Bahn zu eröffnen und auf jeden Fall eine Krise herbeizuführen, die entweder die Nation mit unwiderstehlicher Gewalt auf den Weg der Revolution trieb oder aber den vorrevolutionären Zustand soweit wie möglich wiederherstellte und damit eine neue Revolution unvermeidlich machte. Indem das Proletariat den Verlauf der Revolution möglichst beschleunigte, jener Revolution, die für die veralteten Gesellschaftssysteme des zivilisierten Europa eine geschichtliche Notwendigkeit geworden ist, bevor sie daran denken können, ihre Kräfte wieder ruhig und gleichmäßiger zu entfalten, vertrat es in beiden Fällen die richtig verstandenen, wahren Interessen der gesamten Nation.

Die Landbevölkerung, die sich dem Aufstand anschloß, wurde der Revolutionspartei in der Hauptsache teils durch die unverhältnismäßig schweren Steuerlasten, teils durch die äußerst drückenden Feudalleistungen in die Arme getrieben.

Ohne eigene Initiative, stellte sie ein Anhängsel der andern Klassen dar, die in den Aufstand getreten, und schwankte zwischen der Arbeiterschaft auf der einen und dem Kleinbürgertum auf der andern Seite hin und her. Fast in jedem einzelnen Fall entschied ihre besondere soziale Lage, welcher Seite sie sich zuwandte; die Landarbeiter schlossen sich in der Regel den städtischen Handarbeitern an; die Kleinbauern neigten dazu, mit den Kleinbürgern gemeinsame Sache zu machen.

Die Klasse der Kleinbürger, auf deren große Bedeutung und Einfluß wir bereits wiederholt hingewiesen, kann als die führende Klasse des Maiaufstandes 1849 betrachtet werden. Da diesmal keine der großen Städte unter den Brennpunkten der Bewegung war, gelang es dem Kleinbürgertum, das in Mittel- und Kleinstädten immer vorherrscht, die Führung der Bewegung in die Hand zu bekommen. Überdies haben wir gesehen, daß in diesem Kampf für die Reichsverfassung und die Rechte des deutschen Parlaments die Interessen gerade dieser Klasse auf dem Spiele standen. In jeder der provisorischen Regierungen, die in allen aufständischen Gebieten gebildet wurden, vertrat die Mehrheit diesen Teil des Volkes, und ihre Leistungen können daher mit Recht als Maßstab dessen genommen werden, wessen das deutsche Kleinbürgertum fähig ist — wie wir sehen werden, zu nichts anderm als dazu, jede Regierung zugrunde zu richten, die sich seinen Händen anvertraut.

Das Kleinbürgertum, groß im Prahlen, ist ganz unfähig zur Tat und scheut ängstlich vor jedem Wagnis zurück. Der kleinliche Charakter seiner Handelsgeschäfte und Kreditoperationen ist hochgradig dazu geeignet, seinem Charakter den Stempel mangelnder Tatkraft und Unternehmungslust aufzuprägen; daher ist zu erwarten, daß die gleichen Eigenschaften auch sein politisches Auftreten kennzeichnen. Demgemäß munterte das Kleinbürgertum mit hochtrabenden Worten und prahlerischem Rühmen der Taten, die es verrichten werde, zum Aufstand auf; kaum daß der Aufstand, sehr gegen seinen Willen, ausgebrochen war, suchte es gierig die Macht an sich zu reißen, machte aber von dieser Macht nur Gebrauch, um den Aufstand um jede Wirkung zu bringen. Wo immer ein bewaffneter Zusammenstoß zu einer ernstlichen Krise führte, waren die Kleinbürger entsetzt über die gefahrvolle Lage, in die sie geraten; entsetzt über das Volk, das ihren großsprecherischen Ruf zu den Waffen ernst genommen; entsetzt über die Macht, die ihnen in den Schoß gefallen; entsetzt vor allem über die Folgen der Politik, auf die sie sich notgedrungen eingelassen, für sich selbst, für ihre gesellschaftliche Stellung, für ihren Besitz. Wurde von ihnen nicht erwartet, für die Sache des Aufstands „Gut und Blut" einzusetzen, wie sie zu sagen pflegten? Waren sie nicht gezwungen, amtliche Stellungen in der Erhebung einzunehmen und damit im Fall der Niederlage den Verlust ihres Vermögens zu riskieren? Und im Fall des Sieges, waren sie nicht sicher, sogleich aus Amt und Würden gejagt zu werden und durch das siegreiche Proletariat, das die Hauptmasse ihrer Kampftruppe bildete, ihre ganze Politik auf den Kopf gestellt zu sehen? In dieser Lage, zwischen zwei Feuern, die sie links und rechts bedrohten, wußte das Kleinbürgertum mit seiner Macht nichts anderes anzufangen, als den Dingen einfach ihren Lauf zu lassen, wobei natürlich auch die geringe Aussicht auf Erfolg, die vielleicht noch bestehen mochte, verlorenging, so daß der Zusammenbruch der Erhebung unausbleiblich wurde. Seine Taktik oder vielmehr sein Mangel an Taktik war überall gleich, und darum waren die Erhebungen des Mai 1849 in allen Teilen Deutschlands alle über denselben Leisten geschlagen.

In Dresden währte der Kampf in den Straßen der Stadt vier Tage lang. Die Dresdener Kleinbürger, die „Bürgerwehr", beteiligten sich nicht nur nicht am Kampfe, sondern unterstützten in zahlreichen Fällen die Truppen bei ihrem Vorgehen gegen die Aufständischen. Diese wiederum bestanden fast ausschließlich aus Arbeitern der umliegenden Fabrikbezirke. Sie fanden *einen fähigen, kaltblütigen Führer in dem russischen Flüchtling Michael Bakunin,* der später in Gefangenschaft geriet und gegenwärtig in den Kasematten von Munkács in Ungarn eingekerkert ist. Durch das Eingreifen einer starken preußischen Truppenmacht wurde dieser Aufstand niedergeschlagen.

In Rheinpreußen kam es nur zu unbedeutenden Gefechten. Da alle großen Städte Festungen waren, die von Zitadellen beherrscht wurden, konnten die Aufständischen nur einige Scharmützel liefern. Sobald eine genügende Anzahl Truppen zusammengezogen war, war es mit dem bewaffneten Widerstand vorbei.

Mit der Pfalz und mit Baden dagegen fielen den Aufständischen eine reiche, fruchtbare Provinz und ein ganzer Staat in die Hände. Geld, Waffen, Soldaten, Kriegsvorräte, alles stand zur Verfügung. Selbst die Soldaten des regulären Heeres schlossen sich den Aufständischen an, ja, in Baden standen sie in ihren vordersten Reihen. In Sachsen und in Rheinpreußen opferten sich die Aufständischen auf, um Zeit für die Organisierung des Aufstands in Süddeutschland zu gewinnen. Niemals bestand eine so günstige Lage für einen provinziellen Teilaufstand wie hier. Man erwartete eine Revolution in

Paris, die Ungarn standen vor den Toren Wiens; in allen Staaten Mitteldeutschlands hatten nicht nur die Volkmassen, sondern auch die Truppen starke Sympathien für den Aufstand und warteten nur auf eine Gelegenheit, um sich ihm offen anzuschließen. Und doch war die Bewegung, einmal in die Hände des Kleinbürgertums geraten, von vornherein zum Scheitern verurteilt. Die kleinbürgerlichen Regenten, namentlich in Baden — an ihrer Spitze Herr Brentano —, vergaßen keinen Augenblick, daß sie durch Usurpierung der Stelle und der Prärogative des „gesetzmäßigen" Souveräns, des Großherzogs, Hochverrat begingen. Sie setzten sich in ihre Ministersessel mit Schuldbewußtsein im Herzen. Was kann man von solchen Feiglingen erwarten? Nicht nur, daß sie den Aufstand seiner eigenen spontanen Entwicklung überließen, ohne einheitliche Leitung und daher ohne rechte Wirkung. sie taten faktisch alles, was in ihren Kräften stand, um der Bewegung die Spitze abzubrechen, sie zu entmannen, zugrunde zu richten. Und sie taten das mit Erfolg, dank der eifrigen Unterstützung jener Sorte unergründlicher Politiker, der „demokratischen" Helden des Kleinbürgertums, die tatsächlich glaubten, „das Vaterland zu retten", dieweil sie sich von einer Handvoll geriebener Kunden vom Schlag des Herrn Brentano an der Nase herumführen ließen.

Was die militärische Seite der Sache betrifft, so gab es noch niemals kriegerische Operationen, die nachlässiger und dümmer durchgeführt wurden als unter dem badischen Oberbefehlshaber Sigel, einem früheren Leutnant der regulären Armee. Alles wurde durcheinandergebracht, jede günstige Gelegenheit versäumt, jeder kostbare Augenblick mit dem Ausspinnen riesiger, aber undurchführbarer Pläne vertrödelt, bis, als schließlich der begabte Pole Mieroslawski den Befehl übernahm, die Armee desorganisiert, geschlagen, entmutigt, mangelhaft versorgt einem vierfach überlegenen Feind gegenüberstand, so daß dem neuen Befehlshaber nichts übrigblieb, als bei Waghäusel eine ruhmvolle, aber unglückliche Schlacht zu schlagen, einen geschickten Rückzug durchzuführen, ein letztes, aussichtsloses Gefecht unter den Mauern von Rastatt anzubieten und abzudanken. Wie bei jedem Bürgerkrieg, wo sich die Truppen aus geschulten Soldaten und aus ungeübten Aufgeboten zusammensetzen, gab es in der revolutionären Armee zahlreiche Fälle von Heldenmut und zahlreiche Fälle von unsoldatischer, oftmals unbegreiflicher Panik; aber so unvollkommen diese Armee notwendigerweise auch sein mußte, sie hatte wenigstens die Genugtuung, daß man eine vierfache Überzahl nicht für ausreichend hielt, um sie zu schlagen, und daß hunderttausend Mann Linientruppen in einem Feldzug gegen zwanzigtausend Aufständische militärisch eine so hohe Einschätzung bekundeten, wie wenn es sich um einen Kampf mit der alten Garde Napoleons gehandelt hätte.

Im Mai war der Aufstand ausgebrochen, Mitte Juli 1849 war er gänzlich niedergeworfen. Die erste deutsche Revolution war zu Ende.

(Erschienen in der „New York Daily Tribune" vom 2. Oktober 1852.)

XIX

Das Ende der Erhebung

London, 24. September 1852

Während der Süden und Westen Deutschlands sich in offenem Aufstand befanden und während die Regierungen vor Eröffnung der Feindseligkeiten in Dresden bis zur Übergabe von Rastatt etwas mehr als zehn Wochen brauchten, um dieses letzte Aufflackern der deutschen Revolution zu ersticken, verschwand die Nationalversammlung von der politischen Bühne, ohne daß man ihrem Abgang die geringste Aufmerksamkeit geschenkt hätte.

Wir verließen diese erhabene Körperschaft in Frankfurt, höchst bestürzt über die unverschämten Angriffe der Regierungen auf ihre Würde, über die Ohnmacht und verräterische Sorglosigkeit der von ihr selbst geschaffenen Zentralgewalt, über die Erhebung des Kleinbürgertums zu ihrem Schutze und der Arbeiterklasse für ein in höherem Maße revolutionäres Endziel. Unter ihren Mitgliedern herrschten tiefste Niedergeschlagenheit und Verzweiflung; die Ereignisse hatten mit einem Schlag eine so endgültige und entschiedene Wendung genommen, daß die Illusionen dieser gelahrten Gesetzgeber über ihre wirkliche Macht und Bedeutung binnen weniger Tage völlig zusammengebrochen waren. Die Konservativen waren auf das von ihren Regierungen gegebene Zeichen hin bereits aus einer Versammlung ausgeschieden, die nur mehr im Gegensatz zu der hergebrachten Obrigkeit fortbestehen konnte. Die Liberalen gaben die Sache in völliger Verwirrung verloren und legten gleichfalls ihre Mandate nieder. Die Herren nahmen zu Hunderten Reißaus. Ursprünglich acht- bis neunhundert an der Zahl, waren sie so rasch zusammengeschmolzen, daß bald die Anwesenheit von hundertfünfzig und wenige Tage später von hundert Mitgliedern zur Beschlußfähigkeit für genügend erklärt wurde. Und selbst diese waren schwer zusammenzubringen, obwohl die ganze demokratische Partei zurückgeblieben war.

Der Weg, den diese Überbleibsel eines Parlaments einzuschlagen hatten, lag klar zutage. Sie mußten sich nur offen und entschieden auf die Seite des Aufstands stellen und ihm auf diese Weise so viel Kraft vermitteln, als die gesetzliche Gewalt ihm verleihen konnte, während sie selbst mit einem Schlag ein Heer zu ihrem eigenen Schutz erhielten. Sie mußten die Zentralgewalt auffordern, allen Feindseligkeiten sofort Einhalt zu gebieten, und wenn diese Gewalt, wie vorauszusehen, das weder konnte noch wollte, so mußten sie sie sofort beseitigen und durch eine andere, energischere Regierung ersetzen. War es nicht möglich, Truppen der Aufständischen nach Frankfurt zu bringen (was im Anfang, als die Regierungen der Einzelstaaten schlecht vorbereitet und noch unschlüssig waren, leicht geschehen konnte), dann konnte die Versammlung ihren Sitz ohne weiteres mitten ins Aufstandsgebiet verlegen. Geschah dies alles sofort und entschlossen, nicht später als Mitte oder Ende Mai, so hätten sich sowohl für den Aufstand wie für die Nationalversammlung noch Aussichten auf Erfolg eröffnet.

Aber solch ein entschiedenes Vorgehen war von den Vertretern des deutschen Spießbürgertums nicht zu erwarten. Diese strebsamen Staatsmänner waren noch immer nicht von ihren Illusionen befreit. Jene Abgeordneten, die ihren schicksalhaften Glauben an die Macht und Unverletzlichkeit des Parlaments verloren hatten, hatten sich bereits auf die Strümpfe gemacht; die Demokraten, die zurückblieben, waren nicht so leicht dahin zu bringen, die Träume von Macht und Größe aufzugeben, in denen sie zwölf Monate lang geschwelgt. Ihrer bisher befolgten Methode getreu, scheuten sie vor entschiedenem Handeln zurück, bis jede Aussicht auf Erfolg, ja jede Möglichkeit eines Untergangs in Ehren geschwunden war. Um eine erkünstelte, wichtigtuerische Aktivität zu entfalten, deren offenkundige Ohnmacht, gepaart mit hochfliegenden Ansprüchen, nur Mitleid und

Spott hervorrufen konnte, richteten sie auch weiterhin untertänige Resolutionen, Adressen und Ansuchen an einen Reichsverweser, der sie nicht einmal zur Kenntnis nahm, und an Minister, die offen mit dem Feind im Bunde standen. Und als schließlich Wilhelm Wolff, der Abgeordnete für Striegau, einer der Redakteure der „Neuen Rheinischen Zeitung", der einzige wirkliche Revolutionär in der ganzen Versammlung, ihnen sagte, wenn es ihnen ernst sei mit ihren Reden, müßten sie mit dem Geschwätz ein Ende machen und den Reichsverweser, diesen obersten Reichsverräter, sofort außerhalb des Gesetzes stellen, da kam die ganze unterdrückte tugendhafte Entrüstung dieser Herren Parlamentarier mit einer Wucht zum Ausdruck, die man bei ihnen niemals gefunden, wenn die Regierungen sie mit Schimpf und Spott überhäuften.

Natürlich — denn Wolffs Vorschlag war das erste vernünftige Wort, das innerhalb der Mauern der Paulskirche[1] gesprochen wurde; natürlich, denn es war gerade das, was getan werden mußte; und eine derart offene Sprache, die die Dinge beim richtigen Namen nannte, konnte nur jene Schar empfindsamer Seelen verletzen, bei denen nichts entschieden war als die Unentschiedenheit, und die, zu feige zum Handeln, ein für allemal übereingekommen waren, daß nichts tun gerade das sei, was getan werden müsse. Jedes Wort, das die verblendete, aber beabsichtigte Umnebelung ihrer Hirne blitzartig durchleuchtete, jeder Fingerzeig, der geeignet war, sie aus dem Labyrinth herauszuführen, in dem sie halsstarrig solange wie möglich verweilen wollten, jedes klare Verständnis der wirklichen Sachlage war naturgemäß ein Majestätsverbrechen an dieser souveränen Versammlung.

Bald nachdem die Stellung der Herren Abgeordneten in Frankfurt trotz aller Aufrufe, Resolutionen, Interpellationen und Proklamationen unhaltbar geworden war, zogen sie sich zurück, aber nicht ins Aufstandsgebiet; das wäre ein zu entschiedener Schritt gewesen. Sie gingen nach Stuttgart, wo die württembergische Regierung eine Art abwartender Neutralität einnahm. Hier erklärten sie endlich den Reichsverweser seines Amtes für enthoben und wählten aus ihrer eigenen Mitte eine Regentschaft von fünf Mitgliedern. Diese Regentschaft machte sich schleunigst daran, ein Milizgesetz annehmen zu

[1] Die Paulskirche in Frankfurt am Main war der Tagungsort der Nationalversammlung. *Die Red.*

lassen, das tatsächlich in gebührender Form allen deutschen Regierungen übermittelt wurde.

Sie, die ausgesprochenen Feinde der Nationalversammlung, wurden aufgefordert, Truppen zu deren Verteidigung auszuheben! Weiter wurde — auf dem Papier natürlich — eine Armee zur Verteidigung der Nationalversammlung geschaffen. Divisionen, Brigaden, Regimenter, Batterien, alles' war genau geregelt. Nichts fehlte als die Wirklichkeit, denn diese Armee wurde natürlich nie ins Leben gerufen.

Noch eine letzte Aussicht bot sich der Nationalversammlung. Aus allen Teilen des Landes entsandte die demokratische Bevölkerung Deputationen, um sich dem Parlament zur Verfügung zu stellen und es zu energischem Handeln anzuspornen. Das Volk, das die Absichten der württembergischen Regierung durchschaute, bestürmte die Nationalversammlung, diese Regierung zu offener, aktiver Teilnahme an dem Aufstand im Nachbarlande zu zwingen. Aber nein! Indem sie nach Stuttgart ging, hatte sich die Nationalversammlung der württembergischen Regierung auf Gnade und Ungnade ausgeliefert. Die Abgeordneten wußten das und taten der Volksbewegung Einhalt. Dadurch verloren sie den letzten Rest von Einfluß, der ihnen noch geblieben sein mochte. Sie ernteten die Verachtung, die sie verdienten, und auf Drängen Preußens und des Reichsverwesers machte die württembergische Regierung dem demokratischen Possenspiel ein Ende, indem sie am 18. Juni 1849 den Sitzungssaal des Parlaments absperrte und die Mitglieder der Regentschaft des Landes verwies.

Nunmehr gingen sie nach Baden, ins Lager des Aufstands; aber jetzt waren sie dort überflüssig. Niemand schenkte ihnen Beachtung. Die Regentschaft indessen blieb — im Namen des souveränen deutschen Volkes — eifrig um die Rettung des Vaterlandes bemüht. Sie unternahm einen Versuch, die Anerkennung fremder Mächte zu erlangen, indem sie jedermann *Pässe* ausstellte, der sie haben wollte. Sie erließ Proklamationen und sandte Kommissare aus, um dieselben Gebiete Württembergs zum Aufstand zu bringen, deren aktiven Beistand sie verschmäht hatte, als es noch Zeit war; natürlich ohne Erfolg. Wir haben gerade einen Originalbericht vor uns, den einer dieser Kommissare, der Abgeordnete für Öls, Herr Rösler, der Regentschaft erstattete und dessen Inhalt recht bezeichnend ist. Er trägt das Datum Stuttgart, den 30. Juni 1849. Nachdem er die Abenteuer eines halben Dutzend dieser Kommissare bei ihrer ergebnislosen Suche nach Geld beschrieben, gibt er eine Reihe von Entschuldigungen dafür zum besten, weshalb er noch nicht auf seinen Posten gegangen, und ergeht sich dann in gar gewichtigen Betrachtungen über die Möglichkeit von Differenzen zwischen Preußen, Österreich, Bayern und Württemberg und die Folgen, die daraus entstehen können. Nachdem er sich ausführlich damit beschäftigt, kommt er jedoch zu dem Schlusse, daß die Sache hoffnungslos sei. Weiter macht er den Vorschlag, einen Postdienst aus zuverlässigen Männern für die Beförderung von Nachrichten und ein Spionagesystem zur Ausforschung der Absichten des württembergischen Ministeriums und der Truppenbewegungen zu schaffen. Dieser Brief ist nie an seine Adresse gelangt, denn als er geschrieben wurde, war die „Regentschaft" bereits völlig an das „Ministerium des Äußeren", d. h. nach der Schweiz, übergegangen; und während der bedauernswerte Herr Rösler sich noch über die Absichten des furchtbaren Ministeriums eines Königreichs sechsten Ranges den Kopf zerbrach, hatten hunderttausend preußische, bayrische und hessische Soldaten die ganze Sache in der letzten Schlacht unter den Mauern von Rastatt bereits erledigt.

So verschwand das deutsche Parlament und mit ihm die erste und letzte Schöpfung der deutschen Revolution. Seine Einberufung war das erste sichtbare Zeichen gewesen, daß in Deutschland wirklich eine Revolution *stattgefunden hatte;* und es bestand solange, als diese erste deutsche Revolution der neuesten Zeit noch nicht zum Abschluß gekommen war. Gewählt unter dem Einfluß der Kapitalistenklasse von einer zerstückelten, zersplitterten Landbevölkerung, die größtenteils erst aus der Dumpfheit des Feudalismus erwachte, diente dies Parlament dazu, alle die großen, volkstümlichen Namen aus der Zeit von 1820 bis 1848, in einer Körperschaft vereinigt, auf die politische Bühne zu bringen und sie dann völlig zu erledigen. Alle Berühmtheiten des bürgerlichen Liberalismus waren hier versammelt; die Bourgeoisie erwartete Wunder; sie erntete Schande für sich und ihre Vertreter. Die Klasse der Industrie- und Handelskapitalisten erlitt in Deutschland eine schwerere Niederlage als in irgendeinem anderen Lande; sie wurde zuerst in jedem einzelnen deutschen Staat niedergeworfen, gedemütigt und aus den Ämtern gejagt und dann im zentralen deutschen Parlament aufs Haupt geschlagen, mit Schmähungen überhäuft und dem Spotte preisgegeben. Der politische Liberalismus, die Herrschaft der Bourgeoisie, gleichviel ob unter monarchischer oder republikanischer Regierungsform, ist in Deutschland für immer unmöglich.

In der letzten Periode seines Bestehens diente das deutsche Parlament dazu, jene Partei, die seit März 1848 an der Spitze der offiziellen Opposition gestanden, mit unauslöschlicher Schmach zu bedecken: die Demokraten, die die Interessen des Kleinbürgertums und eines Teils der Bauernschaft vertraten. Diese Klasse hatte im Mai und Juni Gelegenheit gehabt, zu zeigen, daß sie imstande sei, eine feste deutsche Regierung zu bilden. Wir haben gesehen, wie sie scheiterte, nicht so sehr infolge der Ungunst der Verhältnisse, als infolge ihrer ausgeprägten, ständigen Feigheit, die bei jeder schwierigen Wendung seit Ausbruch der Revolution eingetreten, an der Kurzsichtigkeit, Kleinmütigkeit und Unentschlossenheit, die für ihr geschäftliches Gebaren bezeichnend sind und die sie auch in die Politik übertrug. Im Mai 1849 hatte diese Klasse durch ihr Verhalten das Vertrauen der Arbeiterklasse, der wirklichen Kampftruppe aller europäischen Erhebungen, verloren. Und doch waren die Aussichten für sie nicht schlecht. Das deutsche Parlament war nach dem Austritt der Reaktionäre und der Liberalen vollständig in ihren Händen. Die Landbevölkerung stand auf ihrer Seite. Zwei Drittel der Truppen der kleineren Staaten, ein Drittel der preußischen Armee, der größere Teil der preußischen Landwehr waren bereit, sich ihr anzuschließen, wenn sie nur entschlossen und mit jener Kühnheit handelte, die sich aus klarer Erkenntnis der Sachlage ergibt. Aber die Politiker, von denen diese Klasse geführt wurde, besaßen nicht mehr Scharfblick als die Scharen der Kleinbürger, die ihnen Gefolgschaft leisteten. Es erwies sich, daß sie sogar noch verblendeter, noch leidenschaftlicher an Illusionen hingen, die sie wider besseres Wissen aufrechterhielten, daß sie noch leichtgläubiger waren und noch unfähiger, den Tatsachen entschlossen ins Auge zu sehen, als selbst die Liberalen. Ihre politische Bedeutung ist gleichfalls unter den Gefrierpunkt gesunken. Aber da sie noch keine Gelegenheit gehabt, ihre abgedroschenen Prinzipien in die Wirklichkeit umzusetzen, hätten sie unter *sehr* günstigen Umständen vorübergehend eine erneute Auferstehung feiern können, wenn ihnen nicht, gleich ihren Kollegen von der

„reinen Demokratie" in Frankreich durch den Staatsstreich des Louis Bonaparte, auch diese letzte Hoffnung genommen wäre.

Mit der Niederlage des südwestdeutschen Aufstands und der Auflösung des deutschen Parlaments findet die Geschichte der ersten deutschen Revolution ihren Abschluß. Wir haben jetzt nur noch einen letzten Blick auf die siegreichen Partner der konterrevolutionären Allianz zu werfen; das soll in unserem nächsten Briefe geschehen.[1]

(*Erschienen in der „New York Daily Tribune" vom 23. Oktober 1852.*)

XX

Der Kommunistenprozeß zu Köln

London, 1. Dezember 1852

Sie werden bereits durch die europäischen Zeitungen zahlreiche Berichte über den Monstreprozeß gegen die Kommunisten zu Köln in Preußen und über sein Ergebnis erhalten haben. Da jedoch keiner dieser Berichte eine auch nur einigermaßen wahrheitsgetreue Darstellung der Tatsachen enthält und da diese Tatsachen ein grelles Licht werfen auf die politischen Methoden, durch die der europäische Kontinent in Knechtschaft gehalten wird, halte ich es für notwendig, auf diesen Prozeß zurückzukommen.

Die kommunistische oder proletarische Partei hatte gleich anderen Parteien durch die Aufhebung des Vereins- und Versammlungsrechts die Möglichkeit verloren, sich auf dem Kontinent eine *legale* Organisation zu schaffen. Ihre Führer befanden sich überdies im Exil. Aber keine politische Partei kann bestehen ohne Organisation; und wenn die liberale Bourgeoisie wie das demokratische Kleinbürgertum in der Lage waren, durch ihre gesellschaftliche Stellung, ihre günstige wirtschaftliche Lage und den hergebrachten tagtäglichen persönlichen Verkehr ihrer Mitglieder untereinander für eine solche Organisation mehr oder weniger Ersatz zu finden, so blieb dem Proletariat, dem eine solche gesellschaftliche Stellung und solche Geld-

---

[1] Dieser Artikel ist nicht aufgefunden worden. An seine Stelle setzte Eleanor Marx-Aveling als Schlußkapitel des Buches einen gleichfalls in der „New York Daily Tribune" veröffentlichten Artikel über den Kölner Kommunistenprozeß. *Die Red.*

mittel fehlten, nichts anderes übrig, als zur Bildung von Geheimverbänden seine Zuflucht zu nehmen. Daher entstanden sowohl in Frankreich wie in Deutschland jene zahlreichen Geheimgesellschaften, die seit dem Jahre 1849 eine nach der andern von der Polizei aufgedeckt und wegen Geheimbündelei verfolgt wurden; aber wenn auch viele von ihnen wirklich konspirativen Charakter hatten und tatsächlich zu dem Zweck gebildet waren, die bestehende Regierung zu stürzen — und nur ein Feigling griffe unter bestimmten Voraussetzungen nicht zu konspirativen Methoden, gerade so wie nur ein Narr sich unter anderen Voraussetzungen auf ihre Anwendung versteifte —, so gab es doch auch andere, für einen umfassenderen, höheren Zweck geschaffene Gesellschaften, die wußten, daß der Sturz einer bestehenden Regierung nur eine Episode in dem großen bevorstehenden Kampf ist, und sich die Aufgabe stellten, sich zusammenzuschließen und die Partei, deren Kern sie bildeten, für den letzten, entscheidenden Kampf vorzubereiten, in dem eines Tages in Europa die Herrschaft nicht bloß von „Tyrannen", „Despoten" und „Usurpatoren", sondern einer weit gewaltigeren, weit furchtbareren Macht für immer zertrümmert werden soll: die des Kapitals über die Arbeit.

Die Organisation der in vorderster Front stehenden Kommunistischen Partei in Deutschland war solcher Art. In Übereinstimmung mit den Grundsätzen ihres Manifests (veröffentlicht 1848) und mit den in der Artikelserie „Revolution und Konterrevolution in Deutschland" in der „New York Daily Tribune" auseinandergesetzten Grundsätzen, bildete diese Partei sich niemals ein, sie sei imstande, jene Revolution, die ihre Ideen verwirklichen soll, zu jedem beliebigen Zeitpunkt nach Willkür hervorzurufen. Sie erforschte die Ursachen, die die revolutionären Bewegungen von 1848 hervorgerufen, und die Ursachen, die ihrem Mißerfolg zugrunde lagen. Da sie alle politischen Kämpfe auf soziale Klassengegensätze zurückführt, befaßte sie sich mit der Untersuchung der Bedingungen, unter denen eine Gesellschaftsklasse berufen sein kann und muß, die Gesamtinteressen einer Nation zu vertreten und sie damit politisch zu beherrschen. Die Geschichte hat die Kommunistische Partei gelehrt, wie nach dem Grundbesitzeradel des Mittelalters die Geldmacht der ersten Kapitalisten emporstieg und die Staatsgewalt an sich riß, wie der gesellschaftliche Einfluß und die politische Herrschaft dieses Teils der Kapitalisten, der Finanzaristokratie, seit der Einführung der Dampfkraft durch die wachsende Macht der industriellen Kapitalisten verdrängt wurde und wie im gegenwärtigen Augenblick zwei weitere Klassen ihre Ansprüche auf die politische Macht anmelden: die Klasse der Kleinbürger und die Klasse der Industriearbeiter. Die praktische revolutionäre Erfahrung von 1848/49 bestätigte die theoretischen Überlegungen, die zu dem Schlusse führten, daß erst die kleinbürgerliche Demokratie an die Reihe kommen muß, ehe die kommunistische Arbeiterklasse erwarten darf, sich für dauernd in den Besitz der Macht zu setzen und jenes System der Lohnsklaverei zu vernichten, das sie unter dem Joch der Bourgeoisie hält. Somit konnte die Geheimorganisation der Kommunisten gar nicht unmittelbar das Ziel verfolgen, die *gegenwärtigen* Regierungen Deutschlands zu stürzen. Sie wurde geschaffen, nicht um deren Sturz herbeizuführen, sondern den Sturz der Regierung, die, aus einem Aufstand hervorgehend, früher oder später an ihre Stelle treten wird. Ihre einzelnen Mitglieder konnten — und wollten auch sicher — einer gegen den *Status quo* gerichteten Bewegung für ihre Person aktiven Beistand leisten: aber die *Vorbereitung* für eine solche Bewegung auf einem anderen Weg als dem geheimer Verbreitung der kommunistischen Ideen konnte nicht Aufgabe des Kommunistenbundes sein. Diese grundlegende Aufgabe wurde von der Mehrzahl seiner Mitglieder so gut verstanden, daß einigen ehrgeizigen Strebern[1], als sie versuchten, den Bund in eine Verschwörergesellschaft zum Zweck *improvisierter* Revolutionsmacherei zu verwandeln, schleunigst die Tür gewiesen wurde.

Nun konnte nach keinem Gesetz in der Welt eine solche Verbindung ein Komplott, ein Geheimbund zu hochverräterischen Zwecken genannt werden. Wenn es ein Geheimbund war, so nicht gegen die derzeitige Regierung, sondern gegen ihre mutmaßliche Nachfolgerin. Die preußische Regierung war sich darüber auch im klaren. Das war der Grund, weshalb man die elf Angeklagten achtzehn Monate lang in Einzelhaft hielt, eine Zeit, die von den Behörden zu den unerhörtesten juristischen Kniffen ausgenutzt wurde. Man stelle sich vor: nach achtmonatlicher Untersuchungshaft wurden die Beschuldigten noch monatelang im Gefängnis behalten, „weil ihnen keine

---

[1] Gemeint ist die Fraktion Willich-Schapper, die im Jahre 1850 aus dem Kommunistenbund ausgeschlossen wurde. *Die Red.*

strafbare Handlung nachgewiesen werden konnte"! Und als sie endlich vor das Schwurgericht gestellt wurden, konnte ihnen nicht eine einzige Handlung offenkundig hochverräterischen Charakters nachgewiesen werden. Und doch wurden sie verurteilt, man wird gleich sehen, wie.

Einer der Emissäre des Bundes wurde im Mai 1851 verhaftet, und auf Grund von Schriftstücken, die bei ihm gefunden wurden, folgten weitere Verhaftungen. Ein preußischer Polizeioffizier, ein gewisser *Stieber*, wurde sofort nach London beordert, um dort die Verzweigungen der angeblichen Verschwörung aufzuspüren. Es gelang ihm, einige Papiere in die Hand zu bekommen, die sich auf die an der erwähnten Abspaltung vom Bunde beteiligten Personen bezogen, welche nach ihrem Ausschluß in Paris und London einen wirklichen Geheimbund gebildet hatten. Diese Papiere verschaffte er sich durch ein doppeltes Verbrechen. Ein Mann namens Reuter wurde gedungen, um das Schreibpult des Sekretärs dieses Sonderbundes aufzubrechen und die darin befindlichen Papiere zu stehlen. Aber das war noch gar nichts. Dieser Diebstahl führte zur Aufdeckung und Aburteilung des sogenannten französisch-deutschen Komplotts in Paris, lieferte aber keinen Anhaltspunkt in bezug auf den großen Kommunistenbund. Das Pariser Komplott stand, nebenbei bemerkt, unter der Leitung einiger ehrgeiziger Dummköpfe und politischer Glücksritter in London und eines wegen Urkundenfälschung vorbestraften Subjekts, das sich damals als Polizeispitzel in Paris betätigte; die von ihnen eingefangenen Gimpel entschädigten sich durch rabiates Gerede und blutrünstigen Schwulst für die völlige Bedeutungslosigkeit ihres politischen Daseins.

Die preußische Polizei mußte also nach neuen Entdeckungen Umschau halten. Sie richtete ein regelrechtes Büro der Geheimpolizei bei der preußischen Gesandtschaft in London ein. Ein Polizeiagent namens Greif betrieb sein anrüchiges Gewerbe unter dem Titel eines Gesandtschaftsattachés — ein Vorgehen, das genügen würde, um alle preußischen Gesandtschaften außerhalb des Völkerrechts zu stellen und bis zu dem sich bisher nicht einmal die Österreicher zu versteigen wagten. Unter ihm arbeitete ein gewisser Fleury, ein Kaufmann aus der Londoner City, ein Mann von einigem Vermögen und mit ganz respektablen Verbindungen, eine jener erbärmlichen Kreaturen, die aus angeborenem Hang zur Niedertracht die gemeinsten

135

Handlungen begehen. Ein anderer Agent war ein kaufmännischer Angestellter namens Hirsch, der jedoch schon bei seiner Ankunft als Spitzel angekündigt war. Er hatte sich in der Gesellschaft einiger deutscher kommunistischer Emigranten in London Eingang verschafft, die ihn, um Beweise für seinen wahren Charakter zu erhalten, kurze Zeit bei sich duldeten. Der Beweis für seine Verbindung mit der Polizei war bald erbracht, und von diesem Zeitpunkt an ließ sich Herr Hirsch nicht mehr blicken. Aber wenn ihm dadurch auch jede Gelegenheit entging, die Informationen zu erlangen, für deren Beschaffung er bezahlt wurde, so blieb er doch nicht untätig. In seinem Schlupfwinkel in Kensington, wo er niemals einem der in Frage stehenden Kommunisten begegnete, fabrizierte er jede Woche angebliche Berichte über angebliche Sitzungen eines angeblichen Zentralkomitees eben jenes Bunds von Verschwörern, den zu fassen der preußischen Polizei nicht gelingen wollte. Der Inhalt dieser Berichte war im höchsten Maße absurd; kein einziger Vorname war richtig, kein einziger Name war richtig geschrieben, keine einzige Person ließ Hirsch so sprechen, wie sie wirklich gesprochen hätte. Sein Herr und Meister Fleury half ihm bei diesen Fälschungen, und es steht bisher noch nicht fest, ob nicht auch der „Attaché" Greif bei diesem schändlichen Vorgehen seine schmutzigen Finger im Spiele hatte. So unglaublich es auch klingt, die preußische Regierung nahm diese albernen Machwerke für bare Münze, und man kann sich vorstellen, welche Verwirrung derartige Schriftstücke in dem Beweismaterial anrichteten, das dem Schwurgericht vorgelegt werden sollte. Als es zur Verhandlung kam, trat Herr Stieber, der bereits erwähnte Polizeioffizier, als Zeuge auf, nahm den ganzen Unsinn auf seinen Eid und blieb mit nicht geringer Selbstgefälligkeit dabei, einer seiner Geheimagenten stehe in allerengster Verbindung mit den Leuten in London, die als die Drahtzieher dieser fürchterlichen Verschwörung anzusehen seien. Dieser Geheimagent war in der Tat ganz geheim, denn er hatte sich acht Monate lang in Kensington verborgen gehalten, aus lauter Angst, er könne wirklich eine der Personen zu Gesicht bekommen, über deren geheimste Gedanken, Worte und Taten er angeblich Woche für Woche Bericht erstattete.

Die Herren Hirsch und Fleury hatten indes noch eine andere Erfindung auf Lager. Sie verarbeiteten die sämtlichen von ihnen fabrizierten Berichte zu einem „Originalprotokollbuch" der Sitzungen

136

der geheimen Zentralbehörde, deren Existenz von der preußischen Polizei behauptet wurde; und da Herr Stieber fand, daß dieses Buch erstaunlich übereinstimme mit den Berichten, die er bereits aus der gleichen Quelle erhalten hatte, legte er es sogleich dem Schwurgericht vor und erklärte unter seinem Eid, nach gründlicher Prüfung sei er zu der festen Überzeugung gelangt, daß das Buch echt sei. Daraufhin wurde der größte Teil des von Hirsch berichteten Blödsinns veröffentlicht. Man kann sich die Überraschung der angeblichen Mitglieder jenes geheimen Komitees vorstellen, als sie Dinge über sich behauptet fanden, von denen sie bislang keine Ahnung hatten. Männer, die Wilhelm hießen, waren hier mit den Vornamen Ludwig oder Karl bezeichnet; andere sollten zu einer Zeit, wo sie sich am anderen Ende Englands aufhielten, in London Reden gehalten haben; wieder andere hatten nach den Berichten Briefe verlesen, die sie nie erhalten hatten; man ließ sie regelmäßig am Donnerstag zuzusammenkommen, während sie die Gepflogenheit hatten, ihren allwöchentlichen Gesellschaftsabend am Mittwoch abzuhalten; ein Arbeiter, der kaum schreiben konnte, figurierte als Protokollführer und zeichnete als solcher; und alle zusammen ließ man in einer Sprache reden, die in preußischen Polizeistuben zu Hause sein mag, aber bestimmt nicht bei einer Zusammenkunft von Leuten, deren Mehrheit aus Schriftstellern bestand, die in ihrer Heimat einen geachteten Namen haben. Und um dem Ganzen die Krone aufzusetzen, hatte man eine Quittung über einen Geldbetrag gefälscht, den die Fälscher dem angeblichen Sekretär der erfundenen Zentralbehörde für das Protokollbuch bezahlt haben wollten; aber dieser angebliche Sekretär verdankte sein Dasein nur einem Scherz, den sich ein boshafter Kommunist mit dem unglückseligen Hirsch geleistet.

Die plumpe Fälschung war zu skandalös, um nicht das Gegenteil der damit beabsichtigten Wirkung zu erzielen. Obgleich den Londoner Freunden der Angeklagten jede Möglichkeit genommen war, die Geschworenen mit dem wirklichen Sachverhalt bekanntzumachen, obwohl die Briefe, die sie an die Verteidigung schickten, von der Post unterschlagen wurden, obwohl die Urkunden und eidesstattlichen Versicherungen, die sie diesen Männern des Gesetzes dennoch in die Hände zu spielen wußten, nicht als Beweismittel zugelassen wurden, war doch die allgemeine Entrüstung derart, daß selbst die Staatsanwaltschaft, ja sogar Herr Stieber — der mit seinem Eid für die Echtheit des Protokollbuchs gebürgt hatte — gezwungen waren, es als Fälschung anzuerkennen.

Diese Fälschung war jedoch nicht die einzige ihrer Art, deren die Polizei sich schuldig gemacht. Noch zwei oder drei ähnliche Fälle kamen im Lauf des Prozesses ans Licht. Die durch Reuter gestohlenen Schriftstücke waren von der Polizei durch sinnentstellende Einschiebungen verfälscht worden. Ein Zettel voll tollen Unsinns war in einer Handschrift geschrieben, die der von Dr. Marx nachgeahmt war, und eine Zeitlang wurde behauptet, er stamme wirklich von ihm, bis sich die Staatsanwaltschaft schließlich gezwungen sah, die Fälschung zuzugeben. Aber für jede polizeiliche Infamie, die entlarvt wurde, wurden fünf oder sechs neue aufgetischt, die nicht sofort klargestellt werden konnten, denn die Verteidigung wurde damit überrumpelt, die Beweismittel mußten aus London beschafft werden, und jede Korrespondenz der Anwälte mit den kommunistischen Emigranten in London wurde in offener Gerichtssitzung als strafbare Teilnahme an dem angeblichen Komplott behandelt!

Daß die hier von Greif und Fleury gegebene Charakteristik zutrifft, wurde von Herrn Stieber in seiner Zeugenaussage selbst bestätigt; was Hirsch anbelangt, so hat er vor einem Richter in London eingestanden, er habe das „Protokollbuch" im Auftrag und unter Beihilfe Fleurys gefälscht und sei dann aus England geflüchtet, um sich strafrechtlicher Verfolgung zu entziehen.

Die Regierung hatte gegenüber derart vernichtenden Enthüllungen, wie sie während des Prozesses zutage traten, einen schweren Stand. Wohl hatte sie eine Geschworenenbank, wie sie in den Annalen der Rheinprovinz unerhört war — sechs Adelige, Reaktionäre vom reinsten Wasser, vier Angehörige der Geldaristokratie und zwei Staatsbeamte. Das waren nicht die Männer, die verworrene Masse des Beweismaterials gewissenhaft zu prüfen, das im Lauf von sechs Wochen vor ihnen aufgetürmt worden war, während deren ihnen unaufhörlich in die Ohren geschrien wurde, die Angeklagten seien die Häupter einer furchtbaren kommunistischen Verschwörung, die angezettelt worden sei, um den Umsturz der heiligsten Güter: Eigentum, Familie, Religion, Ordnung, Regierung und Gesetz, herbeizuführen! Und doch, hätte die Regierung nicht zu gleicher Zeit den privilegierten Klassen zu verstehen gegeben, daß ein Freispruch in diesem Prozeß das Signal für die Abschaffung der Schwurgerichte bilden und als direkte politische Demonstration aufgefaßt würde, als Beweis dafür, daß die bürgerlich-liberale Opposition bereit sei, sogar mit den extremsten Revolutionären gemeinsame Sache zu machen, dann wäre das Urteil ein Freispruch gewesen. So aber gelang es der Regierung, dank der rückwirkenden Kraft des neuen preußischen Strafgesetzbuchs, die Verurteilung von sieben Angeklagten durchzusetzen, während nur vier freigesprochen wurden; gegen die Verurteilten wurde auf Festungshaft von drei bis sechs Jahren erkannt, wie Sie jedenfalls schon der seinerzeitigen Meldung entnommen haben.

(Erschienen in der „New York Daily Tribune" vom 22. Dezember 1852.)

NAMENREGISTER

Auerswald, Rudolf v. (1795—1866), preußischer Staatsmann, Liberaler, von Juni bis September 1848 preußischer Ministerpräsident und Außenminister S. 98

Bakunin, Michael (1814—1876), russischer Revolutionär, erst linker Hegelianer, dann Anarchist, bösartigster Gegner des Marxismus; trat 1869 der I. Internationale bei, wurde 1872 wegen seiner spalterischen Tätigkeit wieder ausgeschlossen S. 124

Bassermann, Friedrich Daniel (1811 bis 1855), badischer kleinbürgerlicher Politiker, Mitglied der Frankfurter Nationalversammlung S. 101

Bem, Joseph (1795—1850), polnischer General, einer der Führer des polnischen Aufstands 1830, nahm 1848 und 1849 an den revolutionären Kämpfen in Wien und Ungarn teil S. 89

Blanc, Louis (1811—1882), französischer kleinbürgerlicher Sozialist und Historiker, 1848 Mitglied der französischen provisorischen Regierung S. 20

Blanqui, Louis Auguste (1805—1881), französischer Revolutionär, Führer des Proletariats in der Revolution von 1848/49, vertrat die Idee der gewaltsamen Machtergreifung durch eine Verschwörerorganisation, Anhänger der revolutionären Diktatur S. 77

Blum, Robert (1807—1848), deutscher Demokrat und Publizist, einer der Führer der Linken in der Frankfurter Nationalversammlung S. 96

Bonald, Louis Gabriel Ambroise, vicomte de (1754—1840), französischer katholisch-reaktionärer Schriftsteller und Philosoph, Verfechter der „gottgewollten" Monarchie S. 34

Bonaparte, Louis (1808—1873), ab 10. Dezember 1848 Präsident der französischen Republik, von 1852 bis 1870 Kaiser der Franzosen unter dem Namen Napoleon III. S. 132

Brentano, Lorenz (1813—1891), kleinbürgerlicher Politiker, 1849 Vorsitzender der badischen provisorischen Regierung S. 125

Camphausen, Ludolf (1803—1890), Bankier, Führer der preußischen liberalen Bourgeoisie, nach der Märzrevolution 1848 preußischer Ministerpräsident S. 58, 62, 71, 98

Cavaignac, Eugène Louis (1802 bis 1857), französischer General, Führer der Truppen gegen die Juniinsurgenten 1848 S. 79

Changarnier, Nicolas (1793—1877), französischer General, 1848 Oberkommandierender der Nationalgarde und der Militärdivision von Paris S. 71

Cobden, Richard (1804—1865), englischer Kattunfabrikant, Politiker und Ökonom aus der Manchester-Schule, Führer der Liga gegen die Kornzölle (Anti-Cornlaw-League) S. 92

Dahlmann, Friedrich Christoph (1785 bis 1860), deutscher Geschichtsschreiber, Liberaler, Mitglied der Frankfurter Nationalversammlung S. 41

Danton, George (1759—1794), einer der Tribunen und Führer der französischen bürgerlichen Revolution 1789, nach dem 10. August 1792

Justizminister, Mitglied der Partei der Jakobiner im Konvent, als Gegner Robespierres hingerichtet am 5. April 1794 S. 119

Doblhoff-Dier, Anton, Freiherr v. (1800 bis 1872), österreichischer Verwaltungsbeamter, vom März bis Oktober 1848 österreichischer Staatskanzler S. 84

Eichhorn, Johann Albert Friedrich (1779—1856), preußischer Staatsmann, 1840 bis 1848 preußischer Kultusminister S. 43

Eisenmann, Gottfried (1795—1867), deutscher Publizist, Mitglied der Frankfurter Nationalversammlung S. 31

Ferdinand II. (König Bomba), (1810 bis 1859), König beider Sizilien S. 77

Fleury, preußischer Polizeiagent S. 136 bis 138

Fourier, Charles (1772—1837), französischer utopischer Sozialist, von Marx und Engels wegen seiner beißenden Satire über die bürgerliche Gesellschaft hoch geschätzt S. 39

Franz I. (1768—1835), seit 1792 römisch-deutscher Kaiser, seit 1806 Kaiser von Österreich S. 50, 52

Friedrich Wilhelm III. (1770—1840), seit 1797 König von Preußen S. 33, 35, 36

Friedrich Wilhelm IV. (1795—1861), seit 1840 König von Preußen S. 33 bis 35, 36, 38, 43, 57, 59, 98, 100, 105, 112

Fröbel, Julius (1805—1893), demokratischer Politiker und Publizist, Mitglied der Frankfurter Nationalversammlung S. 96

Gervinus, Georg Gottfried (1805 bis 1871), deutscher Literatur-Historiker, Liberaler, Mitglied der Frankfurter Nationalversammlung S. 42

Görgey, Arthur (1818—1916), der begabteste der ungarischen Heerführer in der Revolution 1848/49 S. 93

Greif, preußischer Polizeileutnant und Agent S. 135, 136, 138

Hampden, John (1595—1643), englischer Politiker, Mitglied des englischen Unterhauses S. 99

Hansemann, David Justus (1794 bis 1864), rheinischer Liberaler, Finanzminister in den preußischen Kabinetten Camphausen und Auerswald S. 58, 62, 71, 98

Haynau, Julius Jakob, Freiherr v. (1786 bis 1853), österreichischer General, brutaler Unterdrücker der revolutionären Bewegungen in Italien (1848) und Ungarn (1849) S. 71

Hegel, Georg Wilhelm Friedrich (1770 bis 1831) S. 32

Heine, Heinrich (1797—1856) S. 76

Hirsch, Wilhelm, Geheimagent der preußischen Polizei in London S. 136 bis 138

Jellachich, Joseph (1801—1859), Banus (Statthalter) von Kroatien, spielte eine große Rolle bei der Niederschlagung der Revolution in Österreich S. 83, 85, 86, 88, 91

Johann, Erzherzog von Österreich (1782 bis 1859), wurde am 29. Juli 1848 von der Frankfurter Nationalversammlung zum deutschen Reichsverweser gewählt S. 64

Jordan, Wilhelm (1819—1904), deutscher Schriftsteller, Mitglied der Frankfurter Nationalversammlung, schloß sich der Linken an S. 31

Joseph II. (1741—1790), seit 1765 Mitregent von Österreich, seit 1780 römisch-deutscher Kaiser S. 49, 51

Karl der Große (742—814), König der Franken, seit 800 römischer Kaiser S. 69

König Bomba, siehe Ferdinand II.

Kossuth, Ludwig (1802—1894), Führer des liberalen Adels in der ungarischen Revolution, 1848/49 Vorsitzender der Regierung und des nationalen Verteidigungskomitees, dankte nach der Niederlage bei Temesvár (11. August 1849) ab und flüchtete in die Türkei, später nach England S. 92

Latour, Theodor, Graf Baillet v. (1780 bis 1848), österreichischer General, im März 1848 Kriegsminister S. 85

Ledru-Rollin, Alexander Auguste (1807 bis 1874), französischer kleinbürgerlicher Demokrat, Mitglied der französischen provisorischen Regierung 1848 S. 20, 71

Louis Philippe (1773—1850), König der Franzosen von 1830—1848 S. 53

Ludwig XVI. (1754—1793), König von Frankreich seit 1774, auf Beschluß des Konvents hingerichtet S. 33

Maistre, Joseph Maria, comte de (1753 bis 1821), französischer katholisch-reaktionärer Philosoph und Publizist S. 34

Manteuffel, Otto Theodor, Freiherr v. (1805—1882), reaktionärer preußischer Staatsmann, seit 1848 Innenminister, von 1850 bis 1855 Ministerpräsident S. 98

Marrast, Armand (1801—1852), französischer Republikaner, Publizist, Mitglied der französischen provisorischen Regierung 1848 S. 20

Messenhauser, Cäsar Wenzel (1813 bis 1848), österreichischer Offizier, Kommandierender der Nationalgarde und Kommandant von Wien während des Oktoberaufstandes, wurde nach der Niederlage erschossen S. 89

Metternich, Klemens Lothar Wenzel, Fürst v. (1773—1859), von 1821 bis 1848 österreichischer Staatskanzler, einer der Initiatoren der „Heiligen Allianz" S. 33, 46—48, 50—53, 55, 57, 82

Mieroslawski, Ludwig v. (1814—1878), polnischer Revolutionär, Teilnehmer am polnischen Aufstand 1830, Befehlshaber der badischen Revolutionsarmee 1849 S. 125

Mosle, Johann Ludwig (1794—1877), oldenburgischer Offizier und Staatsmann, 1848/49 Bevollmächtigter bei der deutschen Zentralgewalt S. 95

Napoleon I. (1769—1821), Erster Konsul von Frankreich von 1799—1804, Kaiser der Franzosen von 1804 bis 1815 S. 22, 37, 44

Nicolaus I. (1796—1855), seit 1825 Zar von Rußland S. 93

Palacky, Franz (1798—1876), tschechischer Historiker, Führer der tschechischen nationalen Bewegung um die Mitte des 19. Jahrhunderts S. 72

Paskewitsch, Iwan Feodorowitsch (1782 bis 1856), seit 1828 Graf Eriwanski, seit 1831 Fürst von Warschau, russischer Feldmarschall S. 93

Perczel, Moritz (1811—1899), General in der ungarischen Revolutionsarmee 1848/49 S. 85, 89, 91

Radetzky, Johann Joseph, Graf (1766 bis 1858), österreichischer Feldmarschall, Oberkommandierender der österreichischen Truppen in Italien S. 76, 83, 84, 87

Reuter, Max, preußischer Polizeiagent S. 135, 138

Römer, Friedrich v. (1794—1864), württembergischer Jurist, Liberaler, 1848 württembergischer Justizminister S. 31

Rösler, Gustav Adolf (1818—1855), Gymnasiallehrer, kleinbürgerlicher Publizist, Mitglied der Frankfurter Nationalversammlung S. 129

Rothschild, James, baron de (1792 bis 1868), Chef des gleichnamigen Pariser Bankhauses, hatte durch seine Finanzaktionen in der Zeit der Regierung Louis Philippes großen politischen Einfluß S. 38

Rotteck, Karl v. (1812—1898), badischer Rechtsanwalt, 1848/49 Führer der demokratischen Partei in Baden S. 31, 41

Saint-Simon, Claude Henri, comte de (1760—1825), französischer utopischer Sozialist, der als erster die Idee einer planmäßig organisierten Wirtschaft darlegte S. 39

Schapper, Karl (1813—1870), deutscher Revolutionär, führendes Mitglied des „Bundes der Gerechten", Mitglied der Zentralbehörde des Kommunistenbundes, stand 1850 zusammen mit Willich an der Spitze der gegen Marx gerichteten Fraktion des Kommunistenbundes, seit 1858 wieder an der Seite von Marx, Mitbegründer des kommunistischen Londoner Arbeiterbildungsvereins S. 134

Schwarzenberg, Felix, Fürst v. (1800 bis 1852), österreichischer Staatsmann, nach Niederschlagung des Wiener Aufstands 1848 Staatskanzler S. 56

Schwarzer, Ernst (1808—1860), österreichischer Publizist, Minister für öffentliche Arbeiten im Kabinett Doblhoff S. 84

Sigel, Franz (1824—1902), Oberkommandierender der badischen Revolutionstruppen 1849 S. 125

Stadion, Franz Seraph, Graf v. (1806 bis 1853), österreichischer Verwaltungsbeamter, Minister im Kabinett Schwarzenberg S. 95

Stieber, Wilhelm (1818—1882), Leiter der preußischen politischen Polizei S. 135—138

Stüve, Johann Karl Bertram (1789 bis 1872), hannoverscher Liberaler, 1848 Innenminister von Hannover S. 31

Vogt, Karl (1817—1895), Naturforscher, kleinbürgerlicher Demokrat, Mitglied der Frankfurter Nationalversammlung und später der Reichsregentschaft in Stuttgart; bezahlter Agent Napoleons III. S. 120

Welcker, Karl Theodor (1790—1869), badischer Jurist und Publizist, Liberaler, Mitglied der Frankfurter Nationalversammlung S. 31, 41, 95

Willich, August (1810—1878), früherer preußischer Leutnant, nahm am badischen Aufstand von 1849 teil, nach Spaltung des Kommunistenbundes zusammen mit Schapper Führer der gegen Marx gerichteten Fraktion, später General im amerikanischen Bürgerkrieg S. 134

Windischgrätz, Alfred zu (1787 bis 1862), österreichischer Feldmarschall, einer der Führer der österreichischen Konterrevolution S. 74, 83, 86, 88, 89, 95

Wolff, Wilhelm (1809—1864), Mitglied des Kommunistenbundes, einer der Redakteure der „Neuen Rheinischen Zeitung", Mitglied der Frankfurter Nationalversammlung; gehörte zum engsten Freundeskreis von Marx und Engels S. 120, 128

Wrangel, Friedrich Heinrich Ernst, Graf v. (1784—1877), preußischer Generalfeldmarschall S. 98, 100

INHALT

	Einleitung von Hans Mayer	5
I.	Deutschland bei Ausbruch der Revolution	19
II.	Der preußische Staat	30
III.	Die übrigen deutschen Staaten	41
IV.	Österreich	46
V.	Der Wiener Märzaufstand	53
VI.	Der Berliner Aufstand	56
VII.	Die Frankfurter Nationalversammlung	62
VIII.	Polen, Tschechen und Deutsche	67
IX.	Der Panslawismus. Der Krieg in Schleswig-Holstein	72
X.	Der Pariser Juniaufstand. Die Frankfurter Nationalversammlung	77
XI.	Der Wiener Oktoberaufstand	81
XII.	Die Erstürmung Wiens. Der Verrat an Wien	88
XIII.	Die preußische verfassunggebende Versammlung. Die Frankfurter Nationalversammlung	97
XIV.	Die Wiederherstellung der Ordnung. Reichstag und preußische Kammern	102
XV.	Preußens Triumph	108
XVI.	Die Nationalversammlung und die Regierungen	112
XVII.	Der Aufstand	116
XVIII.	Die Kleinbürger	121
XIX.	Das Ende der Erhebung	126
XX.	Der Kommunistenprozeß zu Köln	132
	Namenregister	140